MORFOLOGIA SOCIAL

Título original:
Morphologie sociale

© Armand Colin, 1970

Tradução: Fernando de Miranda

Capa de FBA

Depósito Legal n.º 309683/10

Biblioteca Nacional de Portugal – Catalogação na Publicação

HALBWACHS, Maurice, 1877-1945
Morfologia social – (História e sociedade)
ISBN 978-972-44-1627-4

CDU 316

Paginação:
RITA LYNCE

Impressão e acabamento:
PENTAEDRO
para
EDIÇÕES 70, LDA.
em
Abril de 2010

ISBN: 978-972-44-1627-4

Direitos reservados para todos os países de língua portuguesa
por Edições 70

EDIÇÕES 70, Lda.
Rua Luciano Cordeiro, 123 – 1.º Esq.º – 1069-157 Lisboa / Portugal
Telefs.: 213190240 – Fax: 213190249
e-mail: geral@edicoes70.pt

www.edicoes70.pt

Esta obra está protegida pela lei. Não pode ser reproduzida,
no todo ou em parte, qualquer que seja o modo utilizado,
incluindo fotocópia e xerocópia, sem prévia autorização do Editor.
Qualquer transgressão à lei dos Direitos de Autor
será passível de procedimento judicial.

MORFOLOGIA SOCIAL
MAURICE HALBWACHS

PREFÁCIO DE DIOGO RAMADA CURTO, NUNO DOMINGOS E MIGUEL BANDEIRA JERÓNIMO

70

ÍNDICE

Prefácio: «Um militante do universal» I

Palavras prévias 9
Introdução 11

PRIMEIRA PARTE
A MORFOLOGIA SOCIAL EM SENTIDO LATO 23

    I. A morfologia religiosa 25
    II. A morfologia política 37
    III. A morfologia económica 49

SEGUNDA PARTE
A MORFOLOGIA SOCIAL «STRICTO SENSU»
OU A CIÊNCIA DA POPULAÇÃO 65

PRIMEIRA SECÇÃO – AS CONDIÇÕES ESPACIAIS
    I. A população da Terra e dos continentes 67
    II. A densidade da população. As grandes cidades.. 83
    III. Os movimentos migratórios 99

SEGUNDA SECÇÃO — O MOVIMENTO NATURAL DA POPULAÇÃO
    I. O sexo e a idade........................... 111
    II. Natalidade, nupcialidade, mortalidade....... 127
    III. A renovação das gerações. Reprodução
        e vitalidade demográfica.................. 147
    IV. A população e as subsistências.............. 159

Conclusão...................................... 181
Indicações bibliográficas 203
Índice remissivo................................ 204

«Um militante do universal»:
Maurice Halbwachs e a razão científica

Está ainda por determinar o sentido da colaboração de Maurice Halbwachs nos *Annales*, no período que vai da sua fundação, em 1929, ao final da 2.ª Guerra Mundial. O companheirismo com Marc Bloch e Lucien Febvre, que remontava aos bancos da École Normale e à sua condição comum de docentes da Universidade de Estrasburgo, ajudará porventura a explicar como é que aquele discípulo de Émile Durkheim integrou o grupo que esteve na origem de um dos movimentos que mais influência tiveram no modo de escrever a história e as ciências sociais durante o século XX[1]. Porém, não bastará argumentar que, através dele, tal como aconteceu com François Simiand, os *Annales* (1929) encontraram a sua filiação no *Année sociologique* (1898)[2].

---

(1) John E. Craig, «Maurice Halbwachs à Strasbourg», *Revue française de sociologie*, vol. 20 (1979), pp. 273-292.

(2) Jacques Revel, «Histoire et sciences sociales: les paradigmes des Annales», Annales. Économies, Sociétés, Civilisations, vol. 34 (1979), pp. 1360-1376. Para a formação da revista L'Année Sociologique, suas orientações e processos de recrutamento, assim como para a participação de Halbwachs (desde 1905, a convite de F. Simiand) veja-se Philippe Besnard, «La formation de l'équipe de l'Année sociologique», Revue Française de Sociologie, vol. 20, nº 20-21 (1979), pp. 7-31. Para todo o contexto da emergente sociologia do grupo configurado em torno de Émile Durkheim (de Célestin Bouglé a Gaston Richard, passando pelo inevitável Marcel Mauss) veja-se a colecção de estudos e documentos, intitulada «Les durkheimiens», reunidos por Philippe Besnard no número especial da Revue Française de Sociologie, vol. 20, nº 20-21 (1979).

É que entre a sua colaboração na revista e as obras por ele publicadas – percorrendo tanto as questões demográficas de morfologia, estratificação social e classes sociais, como problemas relacionados com a memória colectiva, a topografia dos Evangelhos, a teoria política do contrato social de Rousseau ou a filosofia de Leibniz (sobre a qual se debruçou na sequência da sua estadia como leitor na Universidade de Göttingen, desde 1903([3])) – salta à vista o seu interesse em trazer para o larguíssimo campo de interesses dos *Annales* a notícia de Max Weber e da sociologia e da economia política alemãs, bem como os recentes contributos da sociologia urbana, tal como eram propostos pela escola de Chicago de Park e Burgess. No primeiro caso, somos levados a relativizar, pelo menos, o modo como tem sido pensada a recepção de Max Weber em França, sobretudo com base na obra de Raymond Aron([4]). No segundo, a presença em Chicago de Halbwachs, após um convite de William F. Ogburn que visava promover a dimensão quantitativa num departamento assaz dividido entre os defensores da razão «estatística» e os promotores do olhar etnográfico e do estudo de caso, revela-nos, uma vez mais, as evidentes limitações das escalas nacionais enquanto escalas de análise privilegiadas para a compreensão dos processos de emergência e institucionalização dos saberes e disciplinas académicas([5]). O modo como os principais sociólogos do outro lado do atlântico avaliavam a sociologia produzida na Europa (especialmente em França e na Alemanha) e, por via

---

(3) Maurice Halbwachs, *Leibniz* (Paris: Mellottée, 1933 [1907]).

(4) Raymond Aron, *La sociologie allemande contemporaine* (Paris: Felix Alcan, 1935).

(5) Maurice Halbwachs, «Max Weber: un homme, une œuvre», *Annales d'histoire économique et sociale*, vol. 1 (1929), pp. 81-88; Idem, «Chicago, expérience ethnique», *idem*, vol. 4 (1932), pp. 11-49. Veja-se ainda Christian Topalov, «Maurice Halbwachs et les sociologues de Chicago», *Revue française de sociologie*, Vol. 47 (2004/3), pp. 561-590 e Jean-Christophe Marcel, «Maurice Halbwachs à Chicago ou les ambiguïtés d'un rationalisme durkheimien», *Revue d'histoire des sciences humaines*, nº 1 (1999), pp. 47-68.

comparativa, repensavam os caminho trilhados pela sociologia americana, reforça ainda mais as insuficiências e os riscos desse enfoque analítico paroquial([6]). Do mesmo modo, estes aspectos põem em causa um inventário das disciplinas que influenciaram a historiografia francesa reduzido à geografia humana de Vidal de La Blache e à sociologia de Durkheim, exemplificando ainda a constituição mútua e os jogos de distinção entre os saberes das emergentes ciências sociais e humanas. Para além do mais, como Robert King Merton ajuizou com clareza e rigor em 1934 a propósito da competição cerrada entre *escolas* no campo da sociologia francesa, de entre as quais se destacava a chamada *École Sociologique Française* de Durkheim, Lévy-Bruhl, Mauss e Halbwachs, os domínios disciplinares são sempre marcados por uma intensa disputa interna e por uma vincada resistência a pressões para uma «conformidade para com cânones de inquestionável jurisdição»([7]). A trajectória académica e intelectual de Halbwachs constitui um rico observatório destas questões, desafiando propostas simplistas sobre a constituição, diferenciação e consolidação institucional das ciências sociais e humanas, tanto na Europa como nos Estados Unidos da América([8]).

Mais difícil, mas não menos decisivo, será perceber o sentido da intervenção de Halbwachs, muito em particular no final da década de 1930 e durante a ocupação alemã, em termos de

---

(6) Vejam-se os excelentes relatórios da secção de «Teaching and research in the Social Sciences» da revista *Social Forces*, tanto de Pitirim A. Sorokin como de Earle Edward Eubank, entre outros. Pitirim A. Sorokin, «Some contrasts of contemporary European and American Sociology», *Social Forces*, vol. 8, n° 1 (1929), pp. 57-62; Earle Edward Eubank, «European and American sociology: Some comparisons», *Social Forces*, vol. 15, n° 2 (1936), pp. 147-154. Para exercícios similares coevos feitos em França, veja-se Gaston Richard, «Nouvelles tendances sociologiques en France et en Allemagne», *Revue Internationale de Sociologie*, vol. 36 (1928), pp. 647-669.

(7) Robert K. Merton, «Recent French Sociology», *Social Forces*, vol. 12 (1934), pp. 537-45, *maxime*, p. 37.

(8) Veja-se a contribuição colectiva em Christian Topalov *et al.* (orgs.), «Maurice Halbwachs et les sciences humaines de son temps», *Revue d'histoire des sciences humaines*, n° 1 (1999).

participação nas lutas – extremamente politizadas – em torno dos modos de classificar e tematizar o social. A este respeito, três pistas mereceriam tratamento exaustivo. A primeira diz respeito ao modo como Halbwachs prolongou as suas reflexões sobre a memória e a identidade dos grupos – sem esquecer os judeus – recorrendo, durante a Guerra, a uma análise dos Evangelhos e a uma estratégia de dissimulação facultada pela distância temporal que um texto, ainda por cima investido de uma tal autoridade, supunha([9]). A segunda pista, que retomaremos mais adiante, prende-se com a criação de alternativas aos diversos projectos destinados a pensar o social numa base corporativa e autoritária, os quais estavam na ordem do dia na Europa fascista e nazi. O interesse de Halbwachs pelas questões de morfologia social, pelo tema das classes operárias e níveis de vida ou salariais do operariado ajudaram a romper com o confinamento a que era submetido o tratamento do social por parte dos defensores das doutrinas corporativas([10]). Por último, é no trabalho de introdução e comentário ao mais conhecido tratado político de Rousseau que se descobrem, porventura de forma mais explícita, os esforços de Halbwachs para retomar também em plena guerra alguns dos ideais do Iluminismo – orientados para a defesa dos valores da igualdade, da liberdade e do contrato so-

---

(9) Maurice Halbwachs, *La topographie légendaire des Évangiles en Terre Sainte. Étude de mémoire collective* (Paris: Presses Universitaires de France, 1941). Christian de Montlibert, ed., *Maurice Halbwachs, 1877-1945: colloque de la Faculté des sciences sociales de Strasbourg (mars 1995)* (Estrasburgo: Presses Universitaires de Strasbourg, 1997); Annette Becker, *Maurice Halbwachs: un intellectuel en guerres mondiales 1914--1945* (Paris: Viénot, 2005); Gilles Montigny, *Maurice Halbwachs: vie, oeuvre, concepts* (Paris: Ellipses, 2005); Bruno Péquignot, ed., *Maurice Halbwachs: le temps, la mémoire et l'émotion* (Paris: Harmattan, 2007); Marie Jaisson e Christian Baudelot, eds., *Maurice Halbwachs, sociologue retrouvé* (Paris: Rue d'Ulm, 2007).

(10) Maurice Halbwachs, *Morphologie sociale* (Paris: Armand Colin, 1938) [trad. de Fernando de Miranda, *Morfologia social* (Coimbra: Arménio Amado Editor, 1941)]; Idem, *Esquisse d'une psychologie des classes sociales* [1938], ed. Georges Friedmann (Paris, M. Rivière, 1955); Idem, *Classes sociales et morphologie*, ed. Victor Karady (Paris: Éditions de Minuit, 1972) ; Idem, *Les Classes sociales*, pref. Christian Baudelot, ed. Gilles Montigny (Paris: Presses Universitaires de France, 2008).

cial e, por isso mesmo, na contra-corrente das tendências porventura dominantes de glorificação de chefes, de regimes autoritários e de unidades como a família e a comunidade consideradas pretensiosamente como sendo mais orgânicas[11].

A evocação de Halbwachs destina-se a ilustrar, à escala concreta de uma vida e de um grupo reunido em torno de uma revista (da *Année Sociologique* aos *Annales*), um tipo de relação possível da história com as ciências sociais, assim como da relação possível entre estas. Através desta evocação, será possível demonstrar que o nexo causal existente entre história e ciênciais sociais não faz parte de uma qualquer reflexão abstracta relativa ao modo como se articulam ideias provenientes de disciplinas diversas, mas pelo contrário encontra a sua explicação no trabalho concreto de agentes cujas escolhas são em boa medida determinadas por razões de ordem política. Isto é, a intervenção de Halbwachs na *Année Sociologique* e, de modo mais pronunciado, nos *Annales* não deverá ser vista como exemplo de um simples convívio entre a sociologia e a história (ou entre a sociologia e a geografia ou a psicologia social) concebido de forma abstracta, uma vez que ela faz parte integrante de um conjunto de escolhas e de projectos, no contexto de uma luta extremamente politizada contra os regimes autoritários de sentido nazi ou fascista. Marc Bloch – que fazia questão em destacar, logo depois de Lucien Febvre, o nome de Halbwachs como principal colaborador dos *Annales* – considerou que os historiadores e intelectuais da sua geração não tinham conseguido assumir todas as suas responsabilidades nessa mesma luta pela defesa da cidadania efectiva[12]. A morte de Halbwachs em Bu-

---

(11) J.-J. Rousseau, *Du Contrat Social*, ed. Maurice Halbwachs (Paris: Aubier, 1943).

(12) M. Bloch, «Que demander à l'histoire ?» [1938], in Idem, *L'Histoire, la Guerre, la Résistance*, eds. Annette Becker e Étienne Bloch (Paris: Gallimard, 2006) p. 469 [Bloch destaca Halbwachs]; Idem, *L'étrange défaite. Témoignage écrit en 1940* (Paris: Société des Éditions Franc-Tireur, 1946).

chenwald – que foi lembrada mais recentemente nas memórias de Jorge Semprun, tal como o assassinato de Bloch ou a prisão a que foi submetido o jovem Braudel durante a Segunda Guerra – confirmam que os esforços empreendidos não terão sido suficientes. Como sublinhou Pierre Bourdieu não podemos deixar de experimentar «uma espécie de desespero ético perante o assassinato de um militante do universal que aplicou toda a sua inteligência e convicção com o intuito de criar as condições para a compreensão e a tolerância entre os povos separados pela história»([13]). Porém, esta é uma constatação feita por quem conhece o desfecho dos acontecimentos. Nos anos cada vez mais sombrios da década de 1930 e, depois, com a ocupação da França, a obra de Maurice Halbwachs representa sem dúvida um caso importante de defesa da liberdade e de manifesto por uma sociedade de participação e representação cívica e política necessariamente mais alargadas, contra a repressão dos regimes autoritários. Em termos muito simples, mas com a força própria de todas as generalizações, pode dizer-se que, ao longo do

---

(13) Lucien Febvre, *De la Revue de synthèse aux Annales: lettres à Henri Berr, 1911- -1954*, eds. Gilles Candar e Jacqueline Pluet-Despatin (Paris: Fayard, 1997). Do outro lado do Atlântico, Oliveira Viana denunciou o anti-germanismo da obra de Eugène Pittard, *Les races et l'histoire* (1924), publicada na série dirigida por Berr, e criticou abertamente a obra de Febvre, *La Terre et l'évolution humaine* (1922), publicada na mesma série, por padecer de um tom «dubitativo, por esta inclinação ao cepticismo»... Em oposição a estes trabalhos, Oliveira Viana chamou, com entusiasmo militante, a atenção para os «métodos modernos de investigação antropológica e de análise étnica» praticados no Porto, no âmbito da Sociedade Portuguesa de Antropologia e Etnologia, por António Mendes Correia. Cf. de Oliveira Viana, *Raça e assimilação*, 2.ª ed. (São Paulo: Companhia Editor Nacional, 1934), pp. 183-201, *maxime* pp. 186, 192. Por suas vez, acerca das relações estreitas entre dois autores favoráveis às teorias racistas alemãs, aos métodos da antropologia física e ao ideal da «progressiva arianização (no sentido de predomínio crescente do elemento európóide) da gente brasileira», cf. Mendes Correia, *Cariocas e Paulistas. Impressões do Brasil* (Porto: Fernando Machado & C.ª, 1935), pp. 128-130; Idem, *As tendências bio-étnicas do Brasil contemporâneo* (Porto: Instituto de Antropologia da Universidade do Porto, 1944), p. 7. De notar, ainda, que foi este tipo de afirmação de hierarquias fundadas na distinção racial que a obra de Gilberto Freyre pretendeu desafiar, ao acentuar as práticas de miscigenação, pelo menos no período que vai das décadas de 1920 à de 1940.

século XX, a relação entre história e ciências sociais se explica em termos de escolhas configuradas politicamente.

Nos trabalhos de sociólogo de Halbwachs será possível reconhecer uma concepção larga das ciênciais sociais (tão larga, aliás, que a sua eleição para o Collège de France foi feita numa cátedra de psicologia social). Acrescentando dois outros ângulos de observação – a saber, o da *Revue de synthèse historique* (1900-1930), ou simplesmente *Revue de synthèse* após 1931, com a suas célebres reuniões periódicas e a sua ligação à colecção *L'Évolution de l'Humanité*, tudo dirigido por Henri Berr, e ainda o da *Encyclopédie Française* (1935-) de Lucien Febvre – , seria possível verificar a mesma concepção alargada e sintética de ciência, filiada num espírito de racionalismo cartesiano e iluminista, marcada pela recusa da *disciplinarização* do saber[14].

As bibliotecas das elites letradas portuguesas da primeira metade do século XX, altamente tributárias da cultura francesa, constituem um observatório privilegiado desse universo, que acrescentava ao gosto pelos clássicos da literatura, um interesse pela filosofia, história e ciências, incluindo nestas últimas a física quântica, a teoria da relatividade, ou o princípio de indeterminação de Heisenberg. Mas nem por sombras se pense que esta evocação de um autor e de uma cultura de síntese de matriz francesa é determinada por um qualquer tipo de nostalgia ou de intenção de restaurar uma unidade perdida, que colocaria os nossos tempos numa posição de inferioridade, obrigando a uma espécie de revivalismo ou até de revisionismo. A voga actual das ideias que se inspiram no conservadorismo nacionalista e xenófobo da Action Française ou do Integralismo (mesmo

---

(14) Marcel Mauss, *Œuvres*, ed. Victor Karady, 3 vols. (Paris: Minuit, 1968-1974); Marcel Granet, *La civilisation chinoise; la vie publique et la vie privée* (Paris: La Renaissance du Livre, 1929); Idem, *La pensée chinoise* (Paris, La Renaissance du Livre, 1934); Idem, *Catégories matrimoniales et relations de proximité dans la Chine ancienne* (Paris: Felix Alcan, «Bibliothèque de Philosophie Contemporaine – Annales sociologiques», série B – «Sociologie religieuse» fasc. 1-3, 1939).

se não perfilhando dos fundamentos e dos objectivos ideológicos) serve-nos a este respeito de antídoto, não de inspiração... Mas não podemos deixar de lembrar que os tempos de enorme criatividade que caracterizaram os primeiros quinze anos dos *Annales*, como sucedera anteriormente com a *Année Sociologique*, se devem em boa medida à abertura e permeabilidade da história relativamente a outras ciências sociais, nomeadamente à geografia, sociologia, economia e psicologia social, correspondendo simultaneamente a um contexto de lutas políticas extremamente exacerbado. A energia associada às relações abertas entre diferentes disciplinas e os seus usos militantes – ou na linguagem de Febvre os *combats pour l'histoire* – contrastam, isso sim, com outros tempos, porventura mais próximos da situação que hoje experimentamos, em que historiadores e cientistas sociais e políticos no conforto institucionalizado das suas vidas profissionais se entrincheiram nas suas especialidades, para só por conveniência recorrerem ao argumento da urgência da interdisciplinariedade: indo então buscar a legitimidade no campo dos outros, por esta lhes ser vedada no seu próprio campo.

No interior do campo de referências sugerido pela figura e obra de Maurice Halbwachs e pelos *Annales* – campo associado a uma cultura francesa com origens nas Luzes e talvez por isso mesmo de aspiração universal –, será preciso recapitular os quatro termos até agora percorridos e entre os quais se pretendem estabelecer relações de causalidade e efeito: o da história, o das ciências sociais que com ela convivem, o dos contextos mais ou menos institucionalizados em que que se configuram hábitos de investigação, e por último o das lutas e militância política que, se não determinam, pelo menos interferem tanto no modo de organização institucional, como no tipo de relações entre disciplinas, nomeadamente entre história e ciências sociais, mas também nas relações historicamente variáveis que se tecem no interior destas últimas. Claro que o aparente carácter universalizante atribuído a cada um destes termos terá de ser matizado à luz das suas formulações localizadas. A história que os *Annales* pretendiam criar era aquela que respondia a problemas, cruzando estruturas materiais e geográficas com representações colectivas inspiradas em Durkheim; reconhecendo a pertinência de fronteiras locais, regionais ou nacionais, sem se ficar por unidades de análise circunscritas a identidades definidas politicamente, aspirava a criar outros nexos comparativos ou, desde logo, transnacionais. O entendimento que se fazia das ciênciais sociais beneficiava, em muito, dos ensinamentos de Vidal de La Blache, bem como da experiência seguida pelos seguidores de Durkheim. Ora, a este último respeito importa destacar que alguns dos seguidores de Durkheim – como já aliás acontecera nessa obra de final de vida do autor de *Le suicide*, que acabou por se dedicar ao estudo do sistema totémico das tribos de aborígenes australianos – se tinham já orientado para a etnologia no caso de Marcel Mauss, para a sinologia como sucedeu a Marcel Granet, para o estudo das castas no caso de Célestin Bouglé, ou para uma multiplicidade de objectos de análise como já foi referido a propósito de Halbwachs([15]).

A respeito deste último, nunca será demais insistir no facto dos seus interesses pela sociologia alemã, de Weber, e norte-americana, a respeito da Escola de Chicago, os quais ilustram bem a circulação internacional que acompanha a história das ciências sociais e que põe em causa a simples existência de tradições nacionais da sociologia e das outras ciências sociais, como referimos anteriormente. Mais difícil se torna apreciar de que forma contextos muito institucionalizados condicionam a investigação e o ensino da história e das ciências sociais e humanas, mas será de sublinhar que a hipótese anteriormente esboçada se traduz na ideia, por vezes perversa, que o máximo de criativi-

---

(15) Edward Shils, «Tradition, Ecology and Institution in the History of Sociology» [1970], in Idem, *The Constitution of Society* (Chicago: The University of Chicago Press, 1982), pp. 275-383; S. N. Eisenstadt e M. Curelaru, *The Form of Sociology: Paradigms and Crises* (Nova Iorque: Wiley, 1976).

dade e de abertura acontece em contextos de fraca institucionalização, dir-se-ia mesmo até de instabilidade.([16]) Tratar-se-á fundamentalmente, porém, de discutir em que bases se organiza um processo de institucionalização, dado que importantes rupturas epistemológicas e a abertura de novos caminhos também ocorreram em contextos de grande estabilidade institucional. Por último, nesta mesma ordem dos termos, surgem os aspectos de natureza política, escolhas e comprometimentos de indivíduos e de grupos, tantas vezes difíceis de reconstruir porque dissimulados na linguagem possível do debate oblíquo, enviezado, aparentemente distanciado no tempo, como aliás aconteceu no interior dos *Annales* durante a Segunda Guerra a propósito do corporativismo medieval e de Antigo Regime. A respeito desta mesma discussão, será de lembrar que se tratava do debate possível sobre a política da época. Mas na compreensão deste aspecto muitos outros exemplos poderiam ser dados, nem todos com o mesmo sentido: por que abandonou Marc Bloch na década de 1930 as suas investigações sobre o carácter taumatúrgico e portanto carismático dos reis, substituindo ao estudo dos chefes políticos o das estruturas económicas e sociais e das populações rurais? Por que razão Febvre contou na sua *Encyclopédie Française* com alguns colaboradores fascistas provenientes do Sul da Europa? Para responder a tais questões seria, porventura, necessário acrescentar aos quatro termos já enunciados um quinto capaz de ter em conta a personalidade de cada autor. A este respeito, a necessidade de demarcação sentida por Bloch em relação aos perigos do fascismo não teria sido partilhada por Febvre que, no seu projecto de organização de uma enciclopédia, se mostrava aberto a colaboradores de orientação política diversa.

---

(16) «Le plus grand danger qui menace l'histoire est l'enlisement dans une routine d'école», Charles Morazé, «La leçon d'un echec. Essai sur la méthode de François Simiand», *Mélanges d'histoire sociale*, vol. 1 (1942), p. 5.

Evocar Maurice Halbwachs e a sua obra permitiu-nos enunciar algumas ideias genéricas acerca da relação entre história e ciênciais sociais, assim como acerca da natureza e dos termos variáveis das relações entre as disciplinas no interior das ciências sociais e humanas. Mas não é só através da formulação de princípios metodológicos gerais, passíveis de aplicação a outras situações que deverá ser avaliado o trabalho de análise da obra de um autor como Halbwachs. Pelo contrário. Estamos certos que um dos maiores perigos que ameaçam as ciências sociais e humanas é constituído pela simples reprodução de modelos pré-adquiridos, reivindicados por uma qualquer escola como propriedade exclusiva a partir da qual se traçam distinções e distâncias insuperáveis, assim como hierarquias incontornáveis([17]). Uma concepção entrincheirada da história e das ciências sociais, que repudiamos inspirados em Halbwachs, corresponde geralmente à tentação de impor e repetir – como se se tratasse de uma ortodoxia – modelos rígidos de investigação. Ora, o que mais nos interessa é, antes de mais, afinar os instrumentos de análise histórica e social, sem perder de vista a compreensão dos problemas do presente, começando por dar sentido à realidade concreta que se pretende analisar.

O caso da *Morfologia Social* publicada em 1938, cuja tradução portuguesa agora se reedita, constitui um campo fecundo e bem concreto para um exercício analítico de reconstituição

---

(17) Para Robert King Merton, Halbwachs distinguia-se no interior do panorama sociológico francês por duas razões essenciais: por um lado, Halbwachs remediara parcialmente «a manifesta lacuna do sistema de Durkeheim», produzindo um «estudo preliminar das classes sociais» (referia-se à obra *Classes ouvrière et les niveaux de vie. Recherches sur la hiérachie des besoins dans les societés industrielles contemporaines*, de 1913, e ao capítulo VII da obra *Les cadres sociaux de la mémoire*, «Les classes sociales et leurs traditions», de 1925); por outro, era o único sociólogo de craveira verdadeiramente disponível para a utilização heurística da razão estatística. Ver Merton, «Recent French Sociology», p. 539. A propósito do papel da estatística na análise sociológica e histórica de Halbwachs, veja-se Olivier Martin, «Raison statistique et raison sociologique chez Maurice Halbwachs», *Revue d'Histoire des Sciences Humaines*, vol. 1 (1999), pp. 69-101.

do verdadeiro sentido das obras. A este respeito, intencionalidade do autor, linguagens e vocabulários utilizados e contexto em que a obra emerge parecem ser aspectos quase inseparáveis. Isto porque a obra em causa exprime um claro propósito de lutar contra a corrente, propondo descentrar o tratamento do social das dicotomias em que este parecia estar a ficar encerrado. Relativamente à dicotomia estruturas materiais *versus* representações colectivas, no interior da qual seria possível opor Marx a Durkheim, um discípulo deste último como era Halbwachs reintroduz a noção de classe social, reforçando os problemas de morfologia relativas a questões de localização e de densidade das populações([18]). Quanto às dicotomias de orientação política mais explícita, a saber, nos termos dos autores, liberalismo *versus* bolchevismo (baseado num modelo de Estado dirigista), ou parlamentarismo democrático *versus* uma concepção corporativa do sistema político, Halbwachs propõe um ainda maior afastamento. A este último respeito é significativo o facto de, ao longo de toda a obra, só muito levemente o autor aflorar a questão do corporativismo e das suas supostas raízes históricas.

Desde a Primeira Guerra, a ideia corporativa, entendida como uma fórmula antiga, segundo os seus adeptos, tinha sido difundida à luz de um novo espírito. Passou a constar nos programas das mais diversas escolas de pensamento. Assim, os militantes da Action Française, como Baconnier e Valdour retomaram as teorias de La Tour du Pin. Católicos sociais, como Duthoit e Chanson, aderiram à mesma ideia, o mesmo acontecendo com alguns membros do Movimento Trabalhista Francês, a Frente Camponesa, e mesmo alguns neo-socialistas, como Henry de Man, Paul Boncour, Déat. Enquanto uns viam no co-

---

(18) Gaetan Pirou, *Essais sur le corporatisme* (Paris: Libriarie du Recueil Sirey, 1938), pp. 11-21; Odette Samson, *Le coporatisme au Portugal* (Paris: Librairie Technique et Économique, 1938), pp. 4-5.

porativismo uma base para o edifício social encimado pela monarquia hereditária, os outros consideravam-no uma aplicação feliz de princípios eclesiásticos e papais, outros ainda consideravam-no como um mal menor e, para os últimos, tratava-se até do modo possível de aceder à gestão colectiva, o que remetia para o seu papel específico na resposta às questões colocadas pelas transformações das relações de produção[19].

No plano mais específico da publicação dos livros, seria ainda necessário verificar os termos em que se apresenta o debate de ideias em torno das ideias e projectos corporativos, tal como acontecia com Bernard Lavergne, Rosenstock-Frank e Pirou[20]. Relativamente à defesa das corporações e da regulação imposta de cima – permitindo ultrapassar os problemas criados pelo liberalismo e pelo parlamentarismo, ou escapar ao bolchevismo –, ela é objecto de um tratamento sistemático nas obras de Manoïlesco, Maurice Bouvier-Ajam e Roger Bonnard[21]. Relativamente à herança de Durkheim, sobretudo no que respeita ao modo de interpretar os processos de divisão do trabalho, as posições extremaram-se: Pirou reconheceu que, no prefácio à segunda edição de *De la Division du travail social*, o grande mestre da sociologia francesa anunciara que a corporação emergeria como «o órgão essencial da vida pública», mas considerou que as suas posições estavam mais próximas do sindicalismo que do

---

(19) L. Rosenstock-Frank, *L'Économie corporative fasciste en doctrine et en fait. Ses origines historiques et son evolution*, pref. Bernard Lavergne (Paris: Librairie Universitaire J. Gambier, 1934); Pirou, *Essais sur le corporatisme*, op. cit.

(20) Mihail Manoïlesco, *Le Siécle du corporatisme. Doctrine du corporatisme intégral et pur* (Paris: Librairie Félix Alcan, 1934); Maurice Bouvier-Ajam, *La Doctrine corporative*, pref. Louis Baudin, 2.ª ed. (Paris: Librairie du Recueil Sirey, 1937); Roger Bonnard, *Syndicalisme, Corporatisme et État Corporatif* (Paris: Librairie Générale de Droit et de Jurisprudence, 1937). Sobre a evolução deste último, professor da Faculdade de Direito de Bordéus, ver Grégoire Bigot, «Vichy dans l'oeil de la Revue de Droit Public», in *Le Droit sous Vichy – Das Europa der Diktatur 13*, eds. Bernard Durand, Jean-Pierre Le Cron, Alessandro Somma (Francforte: Vittorio Klostermann, 2006), pp. 415-436, *maxime* pp. 419-435.

(21) Pirou, *Essais sur le corporatisme, op. cit.*, p. 14.

corporativismo[22]; enquanto Manoïlesco citava entusiasticamente Durkheim em relação aos processos crescentes de descentralização, sem deixar de o criticar por não ter conseguido articular as suas ideias de vida social orgânica e colectiva com um modo de antecipar o fascismo.

No âmbito porventura mais restrito dos *Annales*, a intensa discussão sobre o corporativismo revestiu dois sentidos complementares. Por um lado, tratava-se de mostrar que os usos da história, para efeitos da sua utilização política, se baseavam em interpretações abusivas, inustentáveis do ponto de vista do trabalho de investigação em história, apesar desta demanda dos poderes do Estado ter sido fundamental para a institucionalização das ciências sociais. Por outro, a insistência com que o tópico foi discutido, tomando como objecto as corporações medievais e de antigo regime, sugere que, através dessa mesma discussão, se abria uma janela destinada a pôr em causa um dos aspectos da ideologia dominante e dos seus interesses políticos e económicos. Em 1938, no mesmo ano em que sai a *Morfologia social*, Marc Bloch revela, de passagem e num tom de profunda irritação, uma estratégia idêntica à seguida por Halbwachs:

> Não me quero pronunciar aqui acerca do corporativismo. Embora saiba que, boa ou má, a 'corporação' tal como nos tem sido proposta, pretendendo fazer reviver uma tradição, é uma fraude. Já que ela não tem mesmo nada a ver com a corporação, a associação de ofícios, de outrora. Esta era uma associação de pequenos chefes de oficina ou de comerciantes. Ela respondia às necessidades que as pequenas empresas sempre tiveram de assegurar a sua protecção através de um regime de autoridade económica; isto porque a debilidade das suas dimensões condena-as a viver perpe-

---

(22) Manoïlesco, *Le Siécle du corporatisme*, op. cit.

tuamente nas margens da crise. A corporação propunha-se assegurar a cada mestre um ganha-pão modesto conforme o nível de vida da sua classe. Ela opunha-se a qualquer tipo de extensão, julgada excessiva, da actividade económica de cada uma das empresas de que se compunha: já que, se se desenvolvesse de forma desmesurada, a célula egoísta corria o risco de deixar à fome os seus vizinhos. Enfim, de tendências nitidamente oligárquicas, as corporações de mestres de ofícios jugulavam com dureza os assalariados. Talvez se pudesse assistir, hoje, ao seu renascimento se toda a liberdade de acção fosse deixada ao pequeno comércio. Mas não tenho necessidade de insistir mais sobre os aspectos que opõem uma tal instituição ao corporativismo de hoje em dia([23]).

Já, em 1937, na *Revue de synthèse* o historiador Émile Coornaert tinha lançado o alerta sobre a noção de corporação. No fundo, tratava-se de um anglicismo utilizado em 14 de Junho de 1791 para designar as associações profissionais que se aboliam por decreto, podendo designar tanto os corpos intermediários situados entre a nação e o poder político, como num sentido mais restrito as comunidades de artes e ofícios([24]). Em 1938 e 1939, nas páginas dos *Annales*, Lucien Febvre denunciara a propósito dos livros de Pirou e de Oliver Martin o carácter contingente de tais obras, ou seja, de que forma é que elas correpondiam apenas aos interesses do presente. Mais, punha em causa as amplas construções jurídicas que eram feitas com ma-

---

(23) Bloch, «Que demander à l'histoire ?», in *op. cit.*, p. 474. A mesma estratégia de reduzir ao máximo as generalizações acerca das corporações do antigo regime, indo no mesmo sentido de Bloch, encontra-se em Charles Morazé, *Introduction à l'histoire économique*, 3.ª ed. (Paris: Armand Colin, 1952; 1.ª ed., 1943), pp. 114-118.

(24) E. Coornaert, «Corporation», *Revue de synthèse*, t.º 13 (Junho 1937), pp. 132-137; Idem, «Des confréries carolingiennes aux gildes marchandes», *Mélanges d'histoire sociale*, vol. 2 (1942), pp. 5-21.

teriais históricos(²⁵). Mais tarde, já durante a Segunda Guerra, os trabalhos de George Espinas – sobretudo as suas denúncias do carácter vago e artificial de muitas classificações jurídicas do social, incapazes de dar conta das dimensões propriamente sociológicas em causa – contribuíram decisivamente para desenvolver uma história das corporações(²⁶). A recensão do livro do historiador do direito belga, Émile Lousse, *La Société d'Ancién Régime. Organisation et représentation corporatives* – vasta síntese do corporativismo de antigo regime, que deveria com certeza agradar aos adeptos dos regimes autoritários – foi recenseada nas *Mélanges d'histoire sociale* pelo mesmo Espinas, mas numa nota final de apreço à crítica feita por Febvre, este acrescentou: «todas as questões sugeridas pelo livro de Lousse deveriam suscitar um exame de conjunto, a que nos deveríamos dedicar, logo que as circunstâncias o permitirem»(²⁷). Ou seja, a questão nem de perto, nem de longe se poderia considerar encerrada.

O descentramento proposto pela *Morfologia social* de Halbwachs relativamente à questão central do corporativismo não esgota, claro está, o sentido da obra. Muitos outros debates deverão ser tidos em conta na leitura da mesma, reforçando sem dúvidas a importância e o interesse desta excelente obra. De alguns deles, perdeu-se a memória e o rasto que deixaram é demasia-

---

(25) Febvre, «Le Corporatisme, le XXe siècle et l'évolution constitutionnelle de la France», *Annales d'histoire économique et sociale*, vol. 10 (1938), p. 335; Idem, recensão, *Annales d'histoire sociale*, vol. 1 (1939), p. 66.

(26) Espinas, rec. de P. Joset, S.J., *Les villes aux pays de Luxemburg (1196-1382)* (Bruxelas: Bibliothèque de l'Université, 1940), *Mélanges d'histoire sociale*, vol. 1 (1942), pp. 60-65; Idem, «La draperie des Pays-Bas. Flandre et Hainaut», *Mélanges d'histoire sociale*, vol. 4 (1943), pp. 41-52; Idem, «La société d'Ancién Régime: la situation corporative», e «La genèse du mouvement communal, une théorie», *Mélanges d'histoire sociale*, vol. 5 (1944), pp. 88-93, 94-99; Idem, «Comment étudier les satuts d'une association professionnelle médiévale», *Mélanges d'histoire sociale*, vol. 6 (1944), pp. 48-55.

(27) Sobretudo os dois volumes de *Anthropogeographie* de 1882 e 1891 e a obra *Politische Geographie* de 1897. Veja-se apreciação recente feita por Marie-Claire Robic, «Geography», in Theodore M. Porter e Dorothy Ross, eds., vol. 7. *The Cambridge History of Science. The Modern Social Sciences* (Cambridge: Cambridge University Press, 2003), pp. 379-390, esp. p. 381, 383.

do ténue. A benefício de inventário, será de registar a discussão em torno da obra do geógrafo alemão Friedrich Ratzel[28], tal como foi lançada desde o início do *Année sociologique* por Durkheim, Halbwachs e Mauss[29], retomada e continuada nos *Annales de Géographie* (desde 1891) por Vidal de La Blache[30] e, mais tarde, por Lucien Febvre, sobretudo no seu marcante *La Terre et l'évolution humaine*, cujo primeiro capítulo da primeira parte, intitulado «Morphologie sociale ou geógraphie humaine», se debruça sobre o «erro de Ratzel»[31]. As acusações de que Ratzel incorrera em determinismo geográfico, porventura infundadas à luz dos próprios princípios por ele enunciados em 1882, ganharam corpo sobretudo em França e foram sagazmente ponderadas tanto com o sentido de demarcação de saberes (sociologia *versus* geografia) como com o objectivo, mais ou menos velado, de promover ao nível dos discursos científicos e de institucionalizar ao nível das práticas científicas, passe a expressão, a sua hierarquização (geografia-ciência como auxiliar da mais *sintética* morfologia social). Ao argumentar que a «la vie sociale repose sur un substrat qui est determiné dans sa grandeur comme

---

(28) Veja-se, essencialmente, a extensa análise da obra *Politische Geographie* de Ratzel feita por Durkheim no seu «Morphologie sociale», *L'Année Sociologique*, vol. 2 (1898), pp. 520-532. Para a posição de Halbwachs veja-se Maurice Halbwachs e François Simiand, «Bases géographiques de la vie sociale», *L'Année Sociologique*, vol. XI (1906-1909), pp. 720-723. Para a leitura de Mauss, veja-se o longo estudo *empírico* feito com H. Beuchat, «Essai sur les variations saisonnières des sociétes Eskimos. Étude de morphologie sociale», *L'Année Sociologique*, vol. 9 (1904-1905), pp. 38-124.

(29) Para um exemplo muito marcante, igualmente centrado na obra *Politische Geographie* de Ratzel e no legado deste, veja-se Vidal de La Blache, «La géographie politique. A propos des écrits de M. Frédéric Ratzel», *Annales de Géographie*, vol. 7 (1898), pp. 97-111, e «Friedrich Ratzel (1844-1904)», *Annales de Géographie*, vol. 13 (1904), pp. 466-467.

(30) Lucien Febvre, *La Terre et l'évolution humaine. Introduction géographique à l'histoire*, Collection: L'évolution de l'humanité, synthèse collective (Paris: Albin Michel, 1949 [1922]), pp. 66-99.

(31) Durkheim, «Morphologie sociale», *L'Année Sociologique*, vol. 2 (1898), pp. 520-532, cit. p. 520, Idem, «Les migrations humaines», *L'Année Sociologique*, vol. 3 (1898-1899), pp. 550-558, cit. p. 558.

dans sa forme. Ce qui le constitue, c'est la masse des individus qui composent la société, la manière dont els sont disposés sur le sol, la nature et la configuration des choses de toute qui affectent les relations collectives», Durkheim neutralizava, ou melhor, desvalorizava a contribuição, vista como mais determinista e resultante de uma operação quase descritiva, de Ratzel e seus seguidores, e elevava a morfologia social à ciência de síntese das relações entre o saber geográfico e o saber sociológico. Esta operação de clarificação disciplinar era de extrema importância, uma vez que do campo da geografia emergia uma alternativa, a geografia política. Era preciso contrariar as suas ambições de síntese e, por via de uma sistemática promoção do determinismo descritivo que supostamente esgotava a disciplina concorrente, era fundamental afirmar o carácter auxiliar que podia e devia ter em relação à morfologia social. Como dizia Durkheim, caricaturando os termos do debate, ao qual Ratzel nunca respondeu directamente, «ce n'est donc plus la terre qui explique l'homme, mais l'homme qui explique la terre». Os elogios à obras de Ratzel foram sempre temperados por um esforço constante de *disciplinarização* substantiva e institucional dos saberes[32]. A obra de 1938 de Halbwachs constitui um dos últimos momentos desse mesmo debate, que teve o estudo de Mauss sobre as sociedades esquimós como um momento de extrema importância já não apenas teórica mas também empírica. Ao propor a noção de morfologia social como uma base capaz de conciliar o estudo da localização das populações, da sua densidade e migrações, com o das suas representações colectivas, Halbwachs inscrevia-se no debate e, simultaneamente, alargava e precisava os pressupostos e os objectivos da *ciência* da morfologia social.

---

(32) Para a concepção de geografia de Mackinder veja-se o seu «On the scope and methods of Geography», *proceedings of the Royal Geographical Society*, vol. 9 (1887), pp. 141-160. Sobre Mackinder e a Royal Geographical Society veja-se Felix Driver, *Geography Militant: Cultures of Exploration and Empire* (London: Wiley Blackwell, 2000) pp. 24-48, e o recente Gerry Kearns, *Geopolitics and Empire. The Legacy of Halford Mackinder* (Oxford: Oxford University Press, 2009).

Paralelamente, será impossível esquecer que as leituras de Ratzel relativamente a uma geografia política e estratégica relativa aos espaços vitais (com a analogia em relação à selecção das espécies de inspiração darwiniana) tinham na época expressão política concreta no novo expansionismo alemão. Sendo muito similar aos termos da evolução do pensamento desse outro grande vulto da «nova geografia» finissecular de novecentos, Halford H. Mackinder[33], e decisiva na formulação da *geopolítica* enquanto instrumento mais político que científico (ambas tão próximas do «novo imperialismo» do último quartel do século dezanove), também a obra de Ratzel revela uma assinalável transformação da sua *Anthropogeographie* para a *Politische Geographie* e a *Der Lebensraum* (1901), rumo a uma maior aproximação do saber a dimensões mais instrumentais, caminho progressivamente traçado em conjunto com a inclusão de abordagens de tipo evolucionista no plano da cultura. As vistas globais transformam-se em instrumentos também eles com um alcance e com uma utilização global, no quadro dos novos arranjos imperiais gizados após a conferencia de Berlim de 1884-1885, onde o saber *geopolítico* já tinha aliás desempenhado um papel de relevo[34]. Ora, ao retomar o termo de morfologia social de Durkheim e Mauss, não pretenderia agora Halbwachs também criticar aqueles que encontravam na já velha geo-política de Ratzel o fundamento para um novo expansionismo?

Claro que o próprio conceito de morfologia social necessitaria de ser apreciado na sua genealogia e nos sentidos muito diversificados em que foi usado, desde Durkheim e Mauss, até

---

(33) Veja-se a este propósito o revelador estudo de Michael Heffernan, «*Fin de Siècle, fin du monde?* On the origins of European geopolitics, 1890-1920», in K. Dodds e D. Atkinson, eds., *Geopolitical traditions: a century of geopolitical thought* (London e New York: Routledge, 2000), pp. 27-51, com especial incidência na questão do imperialismo nas pp. 32-36.

(34) Veja-se Terry Nichols Clark, *Prophets and Patrons: The French University and the Emergence of the Social Sciences* (Cambridge: Harvard University Press, 1973), esp. pp. 162-198.

aos projectos de Halbwachs. É que, através desse conceito, será possível compreender pelo menos dois outros tipos de debate. Por um lado, trata-se de saber de que modo a noção de morfologia social correspondendo a uma espécie de estática se articula com uma atenção às dinâmicas sociais, da modernidade, do progresso e da divisão do trabalho. A este respeito, Halbwachs mostrava-se mais atento às dinâmicas, enquanto Mauss ao analisar as sociedades esquimós se concentrara nos aspectos estáticos. Na *Morfologia social*, encontram-se ideias estimulantes acerca da divisão do trabalho, enquanto processo de diferenciação, considerando-se que «em sociedades mais extensas e mais densas, os interesses, os trabalhos, os serviços, as situações diferenciaram-se cada vez mais» (parte I, cap. II). Mas, simultaneamente, a industrialização é pensada como um processo de «uniformidade crescente, dessa espécie de estandardização, que elimina pouco a pouco as diferenças locais, regionais, e também sociais (de classe de categoria), e aproxima as maneiras de comer, de vestir, a disposição interior das casas de habitação, os géneros de distracção e todo o aspecto geral da vida quotidiana» (Segunda secção, cap. IV). Por outro lado, a genealogia do conceito de morfologia social – a começar pelas prescrições de método e de demarcação das fronteiras da sociologia impostas por Durkheim, com o seu espirito de controleiro e de verdadeiro *patron universitaire*[35]– introduz-nos no campo de trocas e de lutas da sociologia francesa propriamente dita, no interior do qual Durkheim e os seus sucessores estavam longe de deter uma posição de monopólio. Haveria, assim que considerar: a concorrência da psicologia social, promovida pelo influente Charles Blondel; o rasto dos projectos sociológicos de Gabriel Tarde e dos seus esforços para perceber os processos e as relações de imitação; a vitalidade com que se continuava a manifestar uma

---

(35) C. Bouglé, *Humanisme, Sociologie, Philosophie: Remarques sur la conception française de la culture générale* (Paris: Hermann & Cie., Éditeurs, 1938), pp. 23-41.

outra genealogia de prestígio que remontava aos esforços estatísticos de Quételet (ao qual Halbwachs se mostrou atento), associando-se a Le Play e aos seus estudos sobre a família como unidade social por excelência; e ainda as leituras prescritivas e reaccionárias conotadas sobretudo com o trabalho de moralistas católicos e reaccionários.

Um último apontamento, nesta nota de apresentação: como interpretar o próprio acto de tradução para português, em 1941, da *Morfologia social* de Halbwachs? O livro foi publicado na «Colecção Stvdivm – Temas filosóficos, jurídicos e sociais», que integrava nomes tão díspares quanto o de Abel Salazar, no seu ensaio *O que é a arte?* E do jurista de orientação fascista, Cabral de Moncada, *Um iluminista português do século XVIII*. O seu tradutor, Fernando de Miranda, licenciado em Direito, contava já com um vasto currículo de traduções. No ano anterior tinha, aliás, saído a *Introdução à sociologia* desse grande divulgador que foi Cuvillier. Na bibliografia a esta última obra, encontra-se além das obras de Halbwachs, um elenco admiravelmente actualizado das obras necessárias para a aquisição de uma cultura sociológica. As principais revistas, colecções e autores são objecto de referência, asim sucedendo por exemplo com: *L'Année Sociologique*, 1896-; *Annales d'histoire économique et sociale*, directores Marc Bloch e Lucien Febvre, 1929-; *Zeitschrift* für *Sozialforschung*, dir. Max Horkheimer, desde 1932; a colecção *L'Évolution de l'Humanité*, dirigida por Henri Berr; as publicações do *Centre International de Synthèse*; a *Bibliothèque marxiste*, publicada em Paris, pelas Éditions Sociales Internationales (incluindo as obras de autores marxistas tais como Plekahnov e Boukharine); e as obras de Durkheim, Halbwachs, Simmel, Znaniecki, e tantos outros (à excepção de Max Weber).

Halbwachs falava de classes sociais, reintroduzindo-as no interior de um projecto sociológico cuja genealogia remontava a Durkheim mas sugeria novos caminhos; procurava descentrar a investigação sobre a vida social dos termos impostos pelos objectivos do «consenso corporativo», contaminado pelos interesses económicos e estatais de gestão do quotidiano; desafiava as leituras do geógrafo Ratzel que, insistindo na geo-política, justificavam o expansionismo alemão; e finalmente, com a sua insistência dos factores geográficos, populacionais e económicos, estabelecia uma ponte inevitável entre Marx, o marxismo e as lógicas de classificação e categorização caras a Mauss. A sua publicação em Portugal, num momento em que os defensores do regime multiplicavam as armas em defesa do corporativismo e do chefe, não deve ser apenas pensada (como se poderia aplicar à *Introdução* de Cuvillier, no ano anterior), como um possível acto de contestação ou, em sentido contrário, com o interesse perverso do próprio regime e dos seus representantes, mais abertos a conhecer as ideias e as obras dos seus adversários, do que à primeira vista se poderia imaginar (como, aliás, aconteceu com os escritos de um dos seus teóricos, o professor de Direito, Afonso Rodrigues Queiró, sempre envolvido nas justificações corporativas e coloniais adoptadas pelo Estado Novo). Poder-se-ia tratar de uma iniciativa individual, isolada, que poucas ou nenhumas repercussões teve na oposição às ideias aparentemente dominantes. Talvez faça sentido, no entanto, pensar a recepção de Halbwachs no quadro do progressivo interesse que nas academias e sobretudo junto ao aparelho de Estado, e mesmo nos centros institucionais do corporativismo português, revelado pelo conhecimento sobre o social, independentemente das tendências políticas das autores das obras. Eis o questionário que a primeira tradução desta obra para português suscita. À distância de meio século, são outras e bem diferentes as razões que nos levam a olhar com espírito crítico para a mesma obra.

DIOGO RAMADA CURTO, NUNO DOMINGOS
E MIGUEL BANDEIRA JERÓNIMO

Palavras prévias

A velha demografia, outrora chamada estatística da população, a geografia humana, a ciência dos fenómenos económicos, que segue, no espaço e no tempo, a evolução dos estabelecimentos industriais e rurais, são, todas elas, ciências que têm muita coisa aproveitável para o estudo que vamos fazer, e que incidirá sobre as estruturas materiais dos grupos e das populações. No entanto, impressiona imediatamente o facto de os fenómenos e noções se apresentarem, em todas elas, se não em desordem, pelo menos numa ordem dispersa, de não se distinguir o que dá unidade ao seu conjunto.

Durkheim tinha um critério mais sistemático. Propunha chamar morfologia social a um estudo que incidiria sobre a forma material das sociedades, isto é, sobre o número e a natureza das suas partes e a maneira porque elas se dispõem sobre o solo, e, ainda, sobre as migrações internas e de pais para país, a forma das aglomerações, das habitações, etc. O autor das Règles de la méthode sociologique *[Regras do Método Sociológico], que aconselhava o estudo das realidades sociais «como coisas», devia atribuir uma especial importância a tudo aquilo que, nas sociedades, mais acentuadamente reveste os caracteres das coisas físicas: extensão, número, densidade, movimento, aspectos quantitativos, tudo o que pode ser medido e contado. Foi dessa definição que nós partimos.*

Vimos, imediatamente, que existe uma morfologia social em sentido lato, visto que todas as sociedades: família, igreja, estado, empresa industrial, etc., têm formas materiais. Mas todos os fenómenos e caracteres morfológicos encontrados nos quadros das sociologias especiais, voltamos a encontrá-los, integrados nos fenómenos de população, que são o objecto da morfologia social stricto sensu. Estes – e é um ponto em que voltaremos a insistir muitas vezes – devem ser estudados em si mesmos, independentemente de todos os outros fenómenos sociais, como um todo homogéneo e que se basta a si próprio.

De resto, a própria ciência da população, assim entendida, é, realmente, uma parte, e uma parte essencial, da ciência social. Porque, para estudá-la, temos de nos colocar sob o ponto de vista sociológico. É evidente que há, também, uma demografia matemática e uma demografia biológica. Não desconhecemos o seu interesse. Mas ambas visam somente os aspectos da realidade que se prestam à aplicação dos seus métodos, e que, certamente, não são tudo, nem, pensamos nós, o essencial. Tentamos, pelo nosso lado, pôr em relevo, por trás dos fenómenos de população, certos factores sociais que, na realidade, são factores de psicologia colectiva, mal estudados até agora, e sem os quais, no entanto, a maior parte desses fenómenos continuariam a ser, para nós, inexplicáveis.

Introdução

A aparência exterior dos minerais, a disposição das camadas geológicas, as formas das plantas e dos seres vivos, a disposição dos órgãos e tecidos, são exemplos de estudos morfológicos, no campo das ciências naturais. No mundo social, fala-se, também, de formas, mas algumas vezes, num sentido vago e metafórico. Teremos, portanto, e em primeiro lugar, de precisar o que entenderemos, no nosso estudo, por estruturas ou formas da sociedade.

1.º – Será, por exemplo, a maneira como se distribui a população à superfície da terra. Fenómeno, na aparência, puramente físico, que resulta do espaço disponível e das circunstâncias locais. A figura do grupo reproduz as formas da natureza material: população agrupada numa ilha, disposta à volta de um lago, espalhada por um vale. Uma aglomeração urbana assemelha-se a uma massa de matéria, cujos elementos gravitam em torno de um núcleo central, com um contorno mais ou menos preciso. Vista do ar, de bordo de um avião, é uma excrescência, um acidente do terreno.

2.º – Também se chamará estrutura de uma população à sua composição por sexos e por idades. As diferenças deste género são sensíveis, como o são os caracteres materiais. Fenómenos biológicos: a sociedade assemelha-se a um organismo. Homens e mulheres são como dois grandes tecidos vivos, opostos e complementares. As idades representam as fases sucessivas da evolução das células de um órgão ou de um corpo.

Desta vez, já não consideramos as sociedades na sua relação com o solo. As sociedades humanas não estão somente em contacto com a matéria. São, elas próprias, massas vivas e materiais ([1]). Como poderia não ser assim, se, compostas de seres que ocupam partes muito aproximadas do espaço, elas têm, como todos os objectos sensíveis, uma extensão e um volume, uma forma e até uma densidade? Esses grandes corpos colectivos podem crescer e decrescer. Pela acção da morte, perdem, sem cessar, uma parte das unidades que os constituem, e substituem-nas por meio dos nascimentos.

Acrescentemos que podem mover-se. A este respeito devemos ter em conta, ao mesmo tempo, o solo (1.º), e a sua natureza de seres orgânicos (2.º). Deslocam-se, por vezes, em conjunto: por exemplo, as tribos nómadas, ou os exércitos em marcha. Em todo o caso, as suas partes são sempre mais ou menos móveis: há, nestes grupos, deslocações internas, correntes de entrada e de saída.

São, verdadeiramente, fenómenos de estrutura.

3.º – O que observamos até aqui poderia, também, aplicar-se às sociedades animais. Não somente um formigueiro, mas também um banco de peixes, um enxame de abelhas, têm caracteres da mesma ordem que a grandeza, a figura dos grupos

---

(1) Lotka demonstrou que a distribuição do espaço entre diversas espécies animais não passa de um aspecto da partilha, feita entre elas, da matéria inanimada. Há outros géneros de ligação entre populações animais, baseados no parasitismo, nas relações observadas entre animais-depredadores e animais-presas. (Ver: V. A. Kostitzin, *Biologie mathématique*). De resto, as diversas raças e variedades humanas estão, também, por vezes, entre elas, nesta última relação, e distribuem entre si o espaço disponível, tendo em conta a respectiva posição.

humanos; podem ser localizados, mudar de lugar e de forma. Os seus membros distinguem-se pela idade, o sexo, etc. – Aparecem-nos, agora, sociedades que, apresentando formas materiais, são aquilo a que chamamos realidades de ordem moral. É, por exemplo, o caso dos grupos relativamente simples, que podemos encontrar, sobretudo, nas chamadas civilizações primitivas, mas também nas nossas: os clãs, as famílias, especialmente os grupos domésticos de certa extensão.

É possível analisar a estrutura de uma família, mesmo complicada e parcialmente fundida com outras, muito embora a sua localização no espaço seja incerta. Podemos figurá-la, materialmente, por um quadro de filiação, por um traçado esquemático dos diversos ramos e das suas ramificações. É que, evidentemente, existe um elemento espacial na família. Apesar de alguns dos seus membros se afastarem, e sofrerem a atracção de outros grupos, há sempre, como que um núcleo, uma região mais densa, onde se reúne e se mantém aproximada, através dos tempos, uma parte apreciável dos seus elementos. Em especial, cada grupo de parentela tem o seu centro espacial, que é a casa familiar, habitada pelo mais velho, ou por um dos ramos, e onde os outros membros se reúnem por vezes. – Por outro lado, além desta localização, além da sua extensão (sobretudo na origem), assinalemos a natureza orgânica da família. Com efeito, podemos identificá-la com essas estruturas biológicas baseadas no sexo e na idade, visto que ela supõe a existência de laços vitais entre os seus membros. O crescimento de uma população reduz--se ao lento crescimento de todos esses ramos entrelaçados, as famílias, que constituem os seus membros ou partes.

Todavia, a consanguinidade e a aproximação no espaço não bastam para constituir uma família, nas suas tradições e no seu espírito. A diversidade das relações de parentesco, os graus desiguais que se distinguem na coesão familiar, transportam--nos, também, para um mundo de representações e de estados afectivos que nada têm de material. Todos esses elementos de forma, grandeza, lugar, corrente vital que passa de uma geração para outra, exprimem, agora, uma realidade diferente, isto é, pensamentos, uma vida psicológica. Expressão que, de resto, tem também a sua realidade, e que entra, como tal, na consciência que a família tem de si própria, nas suas modificações e desenvolvimentos, na sua consistência.

Passamos, assim, das formas na aparência sobretudo físicas e geográficas (lugar, grandeza, densidade), para os aspectos orgânicos e biométricos (sexo, idade) e, finalmente, para estruturas análogas às precedentes, mas solidárias de uma consciência colectiva que nós não distinguíamos, e que também não julgávamos necessário supor presente, sob qualquer forma, nos dois primeiros casos.

Será isto, no entanto, tudo, e teremos esgotado o conteúdo da morfologia colectiva?

4.º – O sociólogo alemão Simmel, ao estudar «as formas sociais», apresentava como exemplos «a Câmara dos Lordes, a Companhia das Índias, a monarquia hereditária, as repartições, as igrejas». Com efeito, qualquer instituição colectiva é uma forma imposta à vida comum: quadros religiosos, políticos e económicos, Tudo o que é, ao mesmo tempo, definido e estável é-o, efectivamente, assim, por oposição ao indeterminado e ao modificável. Não podemos, contudo, alargar a significação da palavra formas (como designação do objecto da morfologia colectiva) até ao ponto de confundir as formas materiais das sociedades com os órgãos da vida social – e isto porque a distinção entre órgãos e funções não é clara, e não é suficientemente nítida, quando a transportamos para a ciência dos grupos humanos e da sua organização.

Devemos, de preferência, dizer que, quer se trate de uma empresa industrial, de uma bolsa de valores ou de um órgão da vida política, só teremos dessas instituições uma visão abstracta, se as não colocarmos em certa parte do espaço, se não distinguirmos os grupos humanos que asseguram o seu funcionamento.

As instituições não são simples ideias: devem ser tomadas ao nível do solo, inteiramente carregadas de matéria, matéria humana e matéria inerte, organismos em carne e osso, edifícios, casas, lugares, aspectos do espaço. Tudo isso impressiona os sentidos. São figuras no espaço, que se podem descrever, desenhar, medir, de que se podem contar os elementos e as partes, reconhecer a orientação, as deslocações, apreciar os aumentos e as diminuições. É neste sentido que todos os órgãos da vida social têm formas materiais.

Não esqueçamos, agora, que todas as formas que acabamos de passar em revista, nas quatro divisões precedentes, apenas nos interessam pela sua íntima ligação com a vida social, toda ela formada por tendências e representações. No fórum romano, encarado como uma praça, com basílicas, tribunais, estátuas, podemos ver apenas uma parte do solo, bem delimitada, e uma reunião de objectos físicos. A actividade política que lá se desenvolvia, transporta-nos a um plano diferente. Mas como concebê-la, tal como se desenrolou historicamente, num outro quadro? Todas as gerações sucessivas de Roma lá deixaram a sua marca. E todas o tiveram sob os olhos, fizeram dele uma ideia concreta.

Consideramos as divisões políticas ou económicas de uma sociedade? Podemos encontrar a sua base na natureza física. No entanto, elas não são puramente materiais. Entre elas e as divisões da geografia física, existe, realmente, uma diferença: é que as primeiras resultam de disposições morais. É o direito público, são os tratados que as determinam. Sentimos que elas exercem sobre nós um constrangimento que não é só material. Homens, vontades humanas, pesam sobre nós, repelem-nos ou retêm-nos, quando nos aproximamos de uma fronteira.

Pascal dizia que os rios são caminhos que andam. É que pensava nos homens que os utilizam. Nas vias de comunicação, sentimos obscuramente a presença dos que lhes determinaram a direcção. Pistas traçadas no mato ou caminhos de montanha, talhados na rocha há mais de mil anos, vias romanas, caminhos da

Idade Média com o pavimento de pedras irregulares, estradas modernas, cuja inclinação foi calculada pelos engenheiros: parece que vemos os passos dos primeiros que por eles caminharam, e que os rasgaram, que encontramos neles os sinais das ferramentas que serviram para os construir. Sobretudo, lembramo-nos dos que por eles caminharam antes de nós, dos que os pisam ao nosso lado.

Assim, todos estes aspectos materiais estão em relação com a sociedade. Exprimem, traduzem exteriormente as suas ambições, os seus costumes antigos e actuais. Quando o estudioso da estatística percorre com os olhos uma série de números, se se trata das variações do barómetro, do higrómetro, limita-se aos dados físicos, que trazem neles a sua própria significação, que se bastam a si mesmos. Trata-se, pelo contrário, de fenómenos populacionais? Ainda aqui, os números se referem a realidades físicas, fisiológicas. Se o que se contou, enumerou, fossem plantas, ou animais, não precisaríamos de continuar. Se é de fenómenos humanos que se trata, o nosso pensamento procura, imediatamente, para lá dos homens como organismos aproximados no espaço, o meio colectivo no qual eles vivem, grupo urbano, grupo provincial, grupo nacional, e as tendências que nele existem, e se traduzem nesse número de habitantes, de nascimentos e de óbitos.

Se, porém, essas formas materiais resultam, como parece, das limitações e resistências, opostas à vida social pelas condições físicas e biológicas, poderá pensar-se que são um elemento ao mesmo tempo negativo e mínimo, o que há de mais mecânico e de mais superficial na sociedade. Resta-nos mostrar que a estrutura morfológica dos grupos, só por si, permite, por vezes, explicar os seus estados e modificações internas, as suas instituições e o seu género de vida. Tudo se passa como se a sociedade tivesse consciência do seu corpo, da sua posição no espaço, e adaptasse a sua organização às possibilidades que assim vislumbra. A morfologia social parte do exterior. Mas, com efeito, trata-se, para ela, apenas de um ponto de partida. Por esse caminho apertado, é no próprio coração da realidade social que vamos penetrar.

Limitar-nos-emos a dois exemplos, pedidos aos trabalhos da escola sociológica francesa.

Vejamos, em primeiro lugar, o grande fenómeno da divisão do trabalho. Durkheim perguntava a si mesmo se ela foi introduzida nas nossas sociedades em razão das vantagens que dela se esperavam. Mas como as poderiam ter previsto, antes de ter feito a experiência? Limitemo-nos por agora, à estrutura dos grupos e às suas transformações, quer dizer ao que há, neles, ao mesmo tempo, de mais aparente e de mais simples. Suponhamos que várias classes ou várias tribos, isoladas até agora, se aproximam *e* formam uma única sociedade, mas composta por vários segmentos relativamente autónomos. Porque se trata, contudo, de partes de um único corpo, estabelecem-se correntes de circulação de umas para outras e através do todo. Por fim, desaparecem todos os vestígios de separação, e todas as partes se fundem num todo. Trata-se de simples modificações da estrutura material. Quais serão as consequências dessas modificações?

Até agora, o obstáculo à divisão do trabalho era duplo.

– Num grupo composto por um pequeno número de homens, a diversidade natural das aptidões é limitada; ao mesmo tempo, a variedade dos gostos e das necessidades, não é tão grande que produza uma procura suficiente de muitos géneros de produtos. – Procuremos, agora, fundir duas ou mais populações numa só, de forma que possa entrar em contacto um maior número de unidades humanas. Obteremos, ao mesmo tempo, uma escolha e uma selecção muito maiores e uma especialização muito mais intensa. Há mais probabilidades, num grupo maior, de encontrar as qualidades necessárias para obter um mecânico de precisão, um operário de arte, determinada espécie de artista, de actor, de administrador, de homem de Estado.

Mas por outro lado, a essas produções especiais, a esses serviços diferenciados, corresponderão pedidos e clientelas também especiais, pois que num público mais complexo, com elementos vindos de regiões e de climas diversos, talvez até de raça diferente, em todo caso trazidos de meios que não tinham nem o mesmo passado, nem o mesmo género de vida, surgirão necessidades bem mais numerosas e mais variadas. Em presença da diversidade dos produtos já à sua disposição, consumidores cada vez mais delicados e difíceis de satisfazer obrigarão a indústria e o comércio a seguir por vias cada vez mais ramificadas de especialização,

Acrescentemos que, num todo cujas partes são assim aproximadas, a população concentra-se numa extensão mais limitada. Então, os homens passam mais frequentemente de um meio para outro, têm um horizonte mais vasto, uma experiência mais rica dos gostos e dos bens tais como se encontram nos diversos lugares, nas diversas classes: emulação, imitação, curiosidade, determinam correntes de consumo e de produção, e fazem, também, aparecer novos serviços públicos e privados, de que se toma, rapidamente, o hábito; isto dá origem a nova acção recíproca dos vendedores sobre os compradores, dos clientes sobre os produtores e os negociantes, do público sobre todas as funções que ele fiscaliza e estimula.

Ora, o que encontramos nós na origem dessa evolução, que se produz não só na vida económica, mas também no direito, na administração, na arte, na ciência, e que atinge os elementos mais profundos da sociedade? Simples modificações de forma: maiores dimensões, partidos mais numerosos, fusão mais íntima, maior multiplicidade das unidades, aumento da densidade das aglomerações. O que admira, então, que um tipo ou que uma espécie de sociedade possa ser suficientemente definida pelo seu aspecto morfológico?

Voltemo-nos, agora, para um caso mais concreto, que foi estudado por M. Mauss. Os Esquimós abrigam-se, durante o Inverno, em casas, compridas casas onde se reúnem seis, sete ou até dez famílias. Elas coabitam assim, cada uma com o seu banco especial, ou a sua parte de banco separada. Durante o Verão, vivem em tendas, cada uma das quais só contém uma família restrita. Conforme as estações do ano, a distribuição das habitações é, também, diferente. Uma estação de Inverno compõe-se de várias casas reunidas: população concentrada, numa área reduzida: e tão concentrada, por vezes, que a estação inteira pode viver numa única casa (até onze famílias e cinquenta e oito habitantes, número extraordinário nesses estabelecimentos, em que uma casa abriga, em média, cinco ou seis famílias). Pelo contrário, as tendas de Verão são dispersas. O grupo, nessa estação, dissemina-se. Depois da imobilidade relativa do Inverno, vêm as viagens e migrações longínquas. – Assim, as famílias estão umas vezes aglomeradas, como se a tribo se concentrasse em si própria, outras vezes espalham-se por enormes extensões, ao longo das costas.

Trata-se de um simples e curioso fenómeno de alternância? Mas toda a vida social é afectada por ele: a família, o regime de bens, a organização política. A religião Esquimó passa pelo mesmo ritmo. Religião de Verão e religião de Inverno. Ou melhor, não há religião no Verão, excepto um culto privado, doméstico: tudo se reduz aos ritos do nascimento, da morte e à observância de certas interdições. Pelo contrário, o estabelecimento de Inverno, vive, por assim dizer, num estado de contínua exaltação religiosa. Então, mitos e contos transmitem-se de uma geração para outra. «A todo o momento há imponentes sessões de xamanismo público para conjurar as fomes. Toda a vida de Inverno é uma espécie de longa festividade.»

Nada disto, aliás, nos deve surpreender. Esse ritmo alternado é mais acentuado entre os Esquimós, por habitarem regiões onde o Verão se opõe, mais nitidamente, ao Inverno que noutras regiões. Observa-se, também, nas sociedades americanas de peles-vermelhas, sobretudo na zona de civilização do Noroeste, e noutras regiões, nas populações que vivem da pastorícia. Mas não haverá nada análogo até nas nossas sociedades ocidentais? Não pensemos, apenas, nos serões de Inverno das aldeias, pois também na cidade, na mesma estação, a vida de relações se intensifica, ao passo que no Verão viaja-se, a população dispersa-se. Mas independentemente das estações e da sua alternância, as famílias estão mais chegadas umas às outras na aldeia, fundidas, por vezes, numa quente intimidade quase animal: é o caso de Cromedeyre-le-Vieil, de Jules Romains, vasta termiteira humana cavada na rocha, em que cada célula familiar não passa de um cubículo que comunica com os outros. Nos meios urbanos, pelo contrário, principalmente nas grandes cidades, os grupos domésticos vivem dispersos. Mesmo quando estão unidos por relações de parentesco, de amizade, de origem ou de profissão, o que os separa uns dos outros é ainda menos o espaço que uma matéria humana anónima, que adivinhamos à nossa volta, mesmo quando não acotovelamos as pessoas que circulam pelas ruas, e que procuram arrastar-nos para um ponto diferente daquele para onde queríamos ir. – Mas a cidade e a aldeia não diferem apenas pela estrutura material e a distribuição das habitações, dos grupos de habitantes: as crenças religiosas não são nelas idênticas, nem os usos, assim como as ocupações, as profissões, os costumes, e até, por vezes, o direito, quanto à partilha, à transmissão dos bens, e à participação na vida pública. Se o campo só pudesse alimentar os seus habitantes durante metade do ano, se eles tivessem de passar a outra metade em grandes aglomerações industriais, passariam pelas mesmas alternâncias que os Esquimós, e, ao mesmo tempo, conforme estivessem mais aproximados ou mais dispersos, estariam, também, em estados de civilização muito diferentes.

Em resumo, esta primeira visão de conjunto levou-nos a distinguir do resto da realidade social os aspectos materiais da vida dos grupos. Esses aspectos resultam do facto destes existirem e se moverem no espaço, terem um corpo, membros, e serem constituídos por uma massa de elementos que são, eles próprios, organismos justapostos.

Esses caracteres têm mais ou menos relevo, conforme as formas sociais que passamos em revista. Encontramo-los no primeiro plano, podemos até dizer que bastam para constituir uma província autónoma da sociologia, quando estudamos os estados e modificações da população, as aldeias, as aglomerações urbanas, os *habitats*, e também as migrações, as estradas, os meios de transporte. Encontramo-nos, então, num campo definido, de que não precisamos mais de sair, o dos fenómenos de população puros e simples, dos fenómenos morfológicos propriamente ditos, em sentido restrito. – Trata-se, porém, de outras realidades colectivas: os clãs e as tribos, as famílias, os grupos religiosos, políticos, etc.? Os fenómenos de estrutura espacial já não representam, então, o todo, mas apenas a condição, e como que o substrato físico dessas comunidades. A actividade destas tem, em cada um desses casos, um conteúdo especial, específico, e não se confunde com modificações de estrutura espacial e de distribuição sobre o solo. Por outras palavras, colocadas e encerradas nos quadros das sociologias particulares, as formas materiais das sociedades reflectem toda a espécie de preocupações próprias de cada uma delas; é por isso que há uma morfologia religiosa, uma morfologia política, etc.: são fenómenos morfológicos em sentido lato.

Em todo o caso, a morfologia social, como a sociologia, incide, principalmente, sobre representações colectivas. Se fixamos a nossa atenção sobre essas formas materiais é para descobrir, atrás delas, uma grande parte da psicologia colectiva. Porque a sociedade insere-se no mundo material, e o pensamento do grupo encontra, nas representações que lhe provêem das condições espaciais, um princípio de regularidade e de estabilidade, exactamente como o pensamento individual necessita de conhecer o corpo e o espaço para se manter em equilíbrio.

PRIMEIRA PARTE

A MORFOLOGIA SOCIAL EM SENTIDO LATO

Capítulo I

A Morfologia Religiosa

Não há sociedade que não desenhe o seu lugar no meio espacial, e que não tenha, ao mesmo tempo, uma extensão e uma base material. É que qualquer actividade colectiva supõe uma adaptação do grupo a condições físicas que se vê forçado a imaginar a seu modo. Um homem de Estado, um membro do clero, um industrial, conhecem, pelo menos de um modo geral, o número de homens que têm a dirigir, de que gerem os interesses materiais e espirituais, sobre os quais se estende a sua influência. Fazem ideia do seu lugar, da sua distribuição, e distinguem, sob a forma de uma hierarquia ou de uma ordem figurada, as ligações e relações que se estabelecem entre eles e com o grupo de que fazem parte. Todas as associações, todas as colectividades, sejam elas quais forem, têm, portanto, indiscutivelmente, um aspecto morfológico. Por outras palavras, há uma morfologia social geral, que tem por objecto estudar as formas materiais de todos os grupos particulares, de todas as grandes actividades em que se decompõe a vida colectiva no seu conjunto. É sobre isto que, em primeiro lugar, vamos fixar a nossa atenção.

Por outro lado, devemos prever que essas formas e estruturas espaciais nos parecerão estar mais ou menos desenvolvidas, e até desempenhar um papel diferente, desigual, conforme as diversas instituições que teremos de passar em revista. É por isso que convém, nessa investigação, seguir uma ordem, guiando-nos por uma classificação aproximativa das diversas organizações e actividades sociais, segundo a importância relativa das representações materiais e espaciais na vida e no pensamento do grupo.

Há religiões de clãs, de tribos, de cidades e de povos. «Religiões restritas», sem dúvida, pois que, na realidade, têm os mesmos limites que uma certa comunidade: mas, em boa verdade, são as únicas a que se pode aplicar a observação sociológica.

É possível organizar o mapa do seu território e contar o número dos seus fiéis. É claro que há crentes e crentes. Mas nada nos obriga a olhar apenas ao rótulo, sem distinguir dos que o não fazem os que praticam realmente. Foi o que, recentemente, fez Le Bras, num inquérito sobre as transformações religiosas dos camponeses da França. Baseou-se em estatísticas detalhadas, conservadas e actualizadas nos arquivos paroquiais e diocesanos: «Quando», diz ele, «se colocam todos os números sobre um mapa das 40 000 comunas da França, o primeiro facto que nos fere a vista é a divisão do país em vastas regiões de fidelidade e de indiferença. No século XVIII, a prática apresentava em toda a parte caracteres mais ou menos iguais, e idênticos deslizes. Hoje, a França religiosa é uma confederação de regiões muito diversas. Há três grandes zonas de praticantes: Noroeste, Nordeste e Leste, Maciço Central, e algumas parcelas menores: País Basco, Terras Frias do Delfinado, Queyras, onde os pascalizantes (deve entender-se por esta palavra: os que fazem a sua Páscoa) são a maioria, por vezes a quase unanimidade. Entre essas regiões estendem-se desertos sem praticantes, onde a proporção dos assíduos ao culto atinge raramente um décimo da população adulta. Cada grupo regional abrange diversos departamentos, vários milhares de habitantes, e os seus limites são quase tão claros como os dos Estados.»

Qualquer agrupamento confessional um pouco extenso tem as suas fronteiras, que ele fiscaliza e se esforça por manter: a do luteranismo alemão, que passa por Estrasburgo e abrange parte da Alsácia, não se alterou do século XVII para cá. Acrescentemos que, fora das regiões, que se dividem pelos diversos ramos do cristianismo, há o vasto mundo dos infiéis, onde católicos e protestantes têm as suas missões: é o território colonial da Igreja. É conhecido o número, a extensão e a localização desses estabelecimentos, isolados ou agrupados, e estreitamente ligados uns aos outros e ao centro do grupo religioso: as cartas que deles se traçam podem, porém, mudar, súbita e rapidamente, ao passo que nos nossos velhos países, onde as diferentes confissões se adaptaram, de certo modo, umas às outras com o decorrer dos tempos, as zonas por elas ocupadas subsistem aproximadamente, sem variar, durante períodos seculares.

Exactamente como há uma densidade da população, existe como que uma densidade religiosa, que é, aliás, bastante diferente, conforme se calcule o número dos fieis de uma religião em relação ao solo ocupado, ou em relação à própria população (crentes e descrentes, membros de outras confissões). Varia, em todo o caso, conforme os fiéis estão aglomerados ou dispersos. Se é certo que há mais, e mais intimamente agrupados, nos campos que nas grandes cidades, e em Paris, por exemplo, mais nos bairros ricos ou remediados do que nos bairros operários, vê-se que essa densidade religiosa não corresponde à densidade demográfica, pelo menos no nosso tempo. Pelo contrário, as cidades mais populosas da Europa ocidental eram, durante a Idade Média, também os pontos da máxima densidade religiosa.

Assim como há, no espaço, movimentos de povos, também a população religiosa se desloca, ou pode deslocar-se: nesse corpo circulam correntes. Deslocações periódicas, em cada dia, em cada semana, em certas datas consagradas, quando numa região todos os praticantes deixam as suas casas para se dirigir aos lugares do culto, e depois se dispersam de novo. Deslocações não periódicas, mas excepcionais, com ou sem ideia de regressar. Neste caso, confundem-se, por vezes, com as correntes migratórias no sentido demográfico. A conquista árabe dá-nos a ideia de migrações guerreiras, que eram, ao mesmo tempo, deslocações em massa de fiéis, e os primeiros colonos da América eram, também, pioneiros da fé. Mas, nas populações sedentárias, as migrações propriamente ditas já não têm, em geral, esse carácter, e as peregrinações ou as deslocações com espírito de proselitismo são, por outro lado, temporárias.

Um corpo religioso, como uma população nacional ou urbana, pode aumentar ou diminuir. Encontra-se, até, numa igreja, a analogia dos nascimentos: as entradas na igreja por meio do baptismo (baptismos de crianças que ainda não têm religião ou conversão de adultos). Mas a morte não implica uma saída da Igreja. Para encontrar a análoga das mortes, é necessário pensar nos que deixam de crer e de praticar, e que saem, voluntariamente, da comunidade (quer ingressem numa outra religião ou se mantenham afastados de todas), ou que são dela excluídos (excomunhão). Todavia, não se trata, rigorosamente, de uma morte, mesmo debaixo do ponto de vista religioso: porque, mesmo herético, renegado, apóstata ou relapso, pode-se sempre, em troca das reparações e expiações necessárias, voltar a ser de novo admitido e reintegrado no seio da religião. A única morte religiosa definitiva é a danação, a qual não se presume. Há, pelo menos no sentido que acabamos de apontar, mortes provisórias e relativas (morte em relação à confissão que se abandona, nascimento em relação àquela em que se entra).

A distribuição geográfica dos grupos confessionais pode ser modificada, como vimos, por deslocações no espaço (deslocações internas ou externas, que, aliás, não fazem sair da religião especial), e também pela intervenção dos baptismos e conversões individuais: aumento, também, ou diminuição do número de unidades. Mas pode também sê-lo nas suas relações com os grupos de outras confissões: por expulsão brusca ou progressiva;

por conversões em massa (de uma tribo ou de um povo inteiro); por meio da penetração de elementos descrentes, ou de outras confissões, no seio da massa, e, partindo deles, proselitismo, propaganda, influência do exemplo; por mudança de soberania também, ou porque o príncipe muda de religião: por exemplo, antes e depois da Reforma: *cujus regio, hujus religio;* por movimentos migratórios puros e simples: emigrantes da mesma confissão saírem de um país para outro, por motivos não religiosos (chegada, aos Estados Unidos, de Italianos e de Irlandeses, que vão aumentar o grupo confessional católico; de judeus russos, a tal ponto que Nova Iorque é, hoje, a maior cidade de judeus do mundo); por todas as causas, enfim, que modificam a natalidade ou a mortalidade na população com que o grupo religioso é solidário, onde recruta a massa dos seus aderentes. Sem sair do seu lugar, e sem mudança aparente de figura, a densidade religiosa, a distribuição dos fiéis no interior do território confessional, pode, assim, ser profundamente modificada.

Consideremos, finalmente, a estrutura do grupo religioso, isto é, da Igreja, que compreende o conjunto dos clérigos e dos laicos. A extensão que ela ocupa está dividida em circunscrições relativamente homogéneas, justapostas e agrupadas, tendo cada uma delas um centro, limites, um lugar e uma forma: no catolicismo, paróquias, dioceses, bispados, arcebispados, reuniões de províncias eclesiásticas, que são como que os membros da Igreja. A esta divisão sobrepõem-se outras, a das ordens e conventos, organização com uma hierarquia própria, a dos lugares do culto, dos lugares consagrados, dos centros de peregrinação. Todos estes elementos constituem realmente a representação colectiva do espaço religioso, comum ao grupo, mais ou menos clara e precisa nas consciências individuais dos seus membros.

Ora, todos estes fenómenos de morfologia religiosa podem ser encarados de dois pontos de vista.

Em relação à própria religião e só a ela, na proporção em que a afectam nos seus dogmas, nos seus ritos, na sua vida espiritual, crenças, formas de devoção, e na sua organização propriamente eclesiástica. O facto de um país se ter convertido a uma confissão não provoca, necessariamente, consequências demográficas. Em contrapartida, quando aumenta em extensão, a religião fortifica-se a si própria. O mesmo sucede quando os grupos religiosos se tornam mais densos, e, ainda, quando a zona que ocupam é contínua, sem intervalos ou espaços intercalares ocupados por fiéis de uma outra fé. O facto de a estrutura material da Igreja se modificar, das suas partes adoptarem uma outra ordem, ou apresentarem outras ligações, é, realmente, o sinal de uma transformação, mas de natureza puramente religiosa. Quando a Igreja Universal da Idade Média se decompôs em igrejas nacionais, esse facto não parece ter tido grandes consequências em matéria demográfica. Mas, debaixo do ponto de vista religioso, essa mudança de estrutura significa que o espiritual se subordina cada vez mais ao temporal, e que o Chefe da Igreja tende a cair na dependência do Estado no território do qual reside: o Papa passa a ser, primeiro, príncipe italiano, depois, até certo ponto, funcionário da administração italiana. Quando os edifícios de uma ordem monacal se transformam, e vemos aparecerem neles celas, um claustro, em lugar do dormitório comum e dos jardins abertos para os campos, isso significa a adopção de uma nova regra: a comunidade retrai-se sobre si própria, ao mesmo tempo que os seus membros são encorajados a isolar-se uns dos outros, a consagrar-se a uma devoção toda interior. Em casos semelhantes, a organização das diversas partes da sociedade confessional e as suas modificações têm a sua causa na religião e só têm influência sobre ela.

Quando saem de uma igreja ou regressam de uma peregrinação, as famílias e os indivíduos são, como unidades demográficas, o que eram antes de lá terem entrado ou de para lá terem ido. Se, no decorrer das cerimónias, se distribuíram no espaço de uma certa maneira, só a sua consciência religiosa é que pode ter sido modificada.

Mas essas mudanças de forma material a que estão sujeitos os estabelecimentos religiosos, podem, também, ser encaradas em si mesmas, abstraindo da religião. Reconhece-se, então, que elas se destacam, com efeito, da religião, como se constituíssem uma ordem de realidade distinta, e arranjam o seu lugar num outro conjunto, o dos fenómenos de população em sentido estrito. Daremos apenas alguns exemplos.

Essas grandes assembleias religiosas, essas migrações por motivos confessionais, cruzadas ou peregrinações, são a causa da reunião e da concentração, num certo lugar, de um grande número de homens. Além dos fiéis, ali se reúnem os que vem por curiosidade ou por motivos de negócios, espectadores profanos, soldados de passagem, aventureiros, vendedores de objectos piedosos, comerciantes, hoteleiros, fornecedores de todos os géneros e de todos os serviços. As cruzadas foram, para certas cidades como Veneza e Bizâncio, a ocasião de um intenso tráfico. Há os que seguem os fiéis, como há os que seguem os exércitos. Ora essas multidões, no seu volume e na sua estrutura, estão submetidas à acção de muitas causas que as modificam. Há, nelas, fenómenos morfológicos idênticos aos que existem na população em geral. Diz-nos Michelet que, por ocasião da primeira cruzada, seiscentos mil homens receberam a cruz. Ao sair de Antioquia já eram apenas vinte e cinco mil. Dez mil regressaram à Europa. O que acontecera aos restantes? «Era fácil encontrar-lhes a pista: estava marcada através da Hungria, do império grego e da Ásia, por uma estrada coberta de ossadas.» Exagero, talvez. Mas toda essa movimentação teve consequências bem diferentes. Foi o encontro da Europa e da Ásia, de dois grupos, de populações com estruturas demográficas diferentes: que modificações se não devem ter, então, produzido numa e noutra? Na própria Europa, em consequência da saída de tantos homens, como não havia de modificar-se o movimento dos nascimentos, dos casamentos e dos óbitos, e pela sua passagem na ida e no regresso, como não havia de alterar-se profundamente a forma dos estabelecimentos humanos?

Por outro lado, quando um grupo religioso aumenta ou diminui, se apresenta tendências demográficas que o distingam dos outros, a sua extensão relativa têm um certo efeito sobre a população em geral e, em especial, sobre o seu ritmo de crescimento. Os filósofos do século XVIII sustentavam que a presença, num país como a França, de uma quantidade considerável de padres, e, sobretudo, de frades e de religiosas votadas ao celibato, era um obstáculo ao aumento da população. Mas, em sentido contrário, no seu livro *Du Pape*, Joseph de Maistre defende, a este respeito, a excelência do celibato religioso: «Nunca se deve perder de vista que não existe um verdadeiro padre cuja sábia e poderosa influência não tenha, talvez, dado cem súbditos ao Estado: porque a acção que exerce sobre esse ponto nunca se suspende, e a sua força é incomensurável; de forma que não há nada tão fecundo como a esterilidade do padre. A fonte inesgotável da população [...] é a continência no celibato e a castidade no casamento. O amor reúne os dois sexos; é a virtude que povoa. Todas as religiões do mundo (ao contrário do catolicismo romano) param à porta do quarto nupcial. Uma única religião entra com os cônjuges e vela por eles a todo o momento. Dizer que o padre celibatário prejudica o desenvolvimento da população, é dizer que a água prejudica a vegetação, porque nem o trigo nem a vinha crescem na água. Entre as cartas de São Francisco de Sales, encontra-se a de uma mulher de categoria, que lhe pergunta se pode, em consciência, recusar-se a ser esposa em certos dias solenes em que só desejaria ser uma santa. O Bispo responde e expõe as leis do sagrado leito conjugal.»

Inversamente, os fenómenos de população reagem sobre a forma e a densidade dos grupos confessionais. O estudo de Mauss sobre os Esquimós, ensinou-nos que a intensidade da vida religiosa nessas tribos varia conforme elas estão concentradas ou dispersas. A diferença é, também, muito acentuada, a este respeito, entre a cidade e o campo. Nas grandes cidades, é mais difícil a um grupo religioso isolar-se dos outros, aglomerar-se à volta da igreja. À multiplicação das estradas, dos meios de transporte, actua no mesmo sentido. Cria correntes de novidade, de crítica, de livre-pensamento, que penetram na massa dos crentes, ameaçam a sua consistência, e, por vezes, a desagregam. O êxodo rural para as cidades, ao mesmo tempo que diminuía a densidade das comunidades rurais católicas, transportou os elementos que lhes arrancava para meios urbanos complexos, pouco favoráveis às separações confessionais. Em França, as regiões onde a estrutura material dos grupos religiosos (grandeza e densidade) pouco mudou, parecem, realmente, ter sido menos atingidas do que as outras pelos grandes movimentos demográficos modernos, abaixamento da taxa de natalidade, migrações interiores, formação de grandes cidades.

Como é que uma religião, como o cristianismo, nascida e difundida, primeiro, na Ásia e nas margens do Mediterrâneo, poderia instalar-se na Europa, espalhando-se a regiões cada vez mais vastas, se não se tivesse propagado entre povos que, até então, não haviam sido influenciados por ela, mas que lhe deram o apoio da sua extensão e da sua coesão? A rapidez das suas conquistas espanta-nos. Será possível explicá-la por uma força oculta, nela existente? No entanto, ela não improvisou, de um momento para o outro, a infinidade dos cristãos, e até parece não ter, a princípio, modificado sensivelmente, na sua grandeza e estrutura, os grupos de população que a perfilharam nos primeiros séculos. Assim como ela tem, nas formas exteriores da sua hierarquia, nas suas subdivisões locais, a marca da organização no espaço que caracterizava o império romano, também a sua figura, os seus limites, nas diferentes épocas, reflectem a distribuição, à superfície da terra, de um grupo de tribos instalados na Gália, na Alemanha, na Espanha, noutros sítios mais, as suas aproximações temporárias e as suas confederações provisórias. Esteve parada, muito tempo, nas suas fronteiras, lutando com os mesmos obstáculos que elas. A massa dos fiéis aumentou pelo crescimento da população desses grupos, por meio das conquistas e da maior natalidade. Reduzia-se quando eles eram dizimados pela guerra, pelas epidemias, isto é: pela alteração da sua natureza demográfica.

Quanto às cruzadas, não é apenas pelas suas consequências, mas pelas suas causas, que elas excedem os quadros de um *processus* puramente e unicamente religioso. Teriam elas sido possíveis em populações que não fossem instáveis, mal fixadas ao solo e atormentadas por uma necessidade de movimento? Os chefes feudais não eram retidos pelos seus castelos, pelos seus solares, pequenas construções isoladas. O baixo povo, espalhado pelos campos, também não se sentia preso às suas aglomerações, em virtude da sua exiguidade. Como poderia essa estrutura material da sociedade, inconsistente e precária, servir de contrapeso à atracção de uma corrente de população ao mesmo tempo vingativa e guerreira, dirigida por uma ideia religiosa, que adquiria mais força à medida que, avançando, engrossava? A população parece, então, sedentária. Terminou o período histórico das invasões. Mas está ainda bem viva a recordação desses abalos recentes, e os grupos estão prontos a porem-se de novo em marcha.

Depois das cruzadas virá o movimento comunal. A Europa organizar-se-á, pouco a pouco, à volta das cidades de artífices e de mercadores. Mas isso virá, em breve, produzir uma alteração profunda dos quadros religiosos no espaço, com a Reforma. A Reforma terá o seu ponto de apoio nas grandes cidades da Alemanha, da Suíça e da Inglaterra. Ainda aqui, os fenómenos de população preparam o terreno em que os estabelecimentos religiosos, novos ou renovados, poderão desenvolver a sua estrutura.

Em resumo, não é num sentido puramente simbólico que devemos tomar a expressão: o corpo da Igreja. O conjunto dos fiéis apresenta-se como uma massa material e tudo o que nele se produz tem a sua significação religiosa. Uma história do cristianismo, não só seria incompleta, mas também cheia de obscuridades e, sem dúvida, de erros, se ignorasse as localizações das primeiras igrejas, o número dos fiéis, e como esses grupos se deslocaram e estenderam no espaço. Mas, no entanto, a população dos fiéis é, apenas, uma parte da população em geral, e se esquecermos a instituição religiosa, para só considerarmos os grupos humanos que a ela estão ligados, não há qualquer razão para os separar do meio demográfico em que eles estão compreendidos. Vistos sob este ângulo, os fenómenos de morfologia religiosa retomam o seu lugar entre os fenómenos de população puros e simples: em especial, como acabamos de ver, a extensão das comunidades religiosas e as suas mudanças de estrutura, resultam, na maioria dos casos, de disposições e de movimentos muito mais importantes, que afectam toda a população.

Capítulo II

A Morfologia Política

Não foi por mero acaso que as democracias nasceram nos países banhados pelo mar, à volta dos portos, em toda a parte onde uma circulação mais intensa e mais extensa estabelecia entre homens de nações e de condições sociais muito diferentes relações e contactos frequentes. Uma organização política amolda-se mais intimamente que um sistema religioso às condições espaciais. A resistência das coisas faz ruir os impérios, põe em cheque as tentativas dos legisladores sistemáticos. Nesta matéria não basta conhecer os pensamentos e os sentimentos dos homens: é, ao mesmo tempo, sobre os seus corpos e os seus espíritos que é necessário agir. Não devemos, por isso, estranhar que as formas e a estrutura material dos grupos desempenhem aqui um papel muito maior que quando reagem sobre crenças, que não comportam no mesmo grau as sanções da experiência física.

A morfologia política é o estudo dos diversos sistemas de governo e de administração, nas suas relações com as formas exteriores dos grupos a que se aplicam. Já Platão, nas suas *Leis*, preocupado em assegurar a estabilidade do Estado, tal como ele o concebia, fixava o número dos cidadãos, e procurava os meios de obter que esse número não variasse nem para mais, nem para menos. Rousseau, no seu *Contrato Social*, observava que devia haver uma relação entre a extensão do território e a forma do governo: a república, como ele a entendia, isto é, o governo directo do povo pelo povo (sem o artifício dos representantes eleitos), só conviria para os pequenos países; os grandes só podem ser governados por um déspota. Montesquieu consagrou um livro inteiro do *Espírito das Leis* ao seguinte assunto: *das leis nas relações que têm com o número dos habitantes*. De resto, a verdade é que nele só tratava dos antigos, dos filósofos gregos que faziam planos para limitar a população, e das leis de Augusto, que tinham por objecto aumentá-la.

Durkheim, num capítulo das *Regras do Método Sociológico*, mostrou como podiam classificar-se os diversos tipos de sociedade apenas quanto à sua estrutura, isto é, conforme o modo e o grau de composição das suas partes. Apoiando-se, principalmente, sobre o exemplo das sociedades baseadas nos clãs, distinguia das sociedades simples, de vários segmentos, outras sociedades, compostas pelas precedentes. A cada uma dessas formas deviam corresponder instituições especiais, principalmente instituições políticas, bem definidas. Ao mesmo tempo que falava do número de partes, insistia, também, sobre o grau da sua aproximação, desde a simples justaposição até à união completa. Tratava-se, aliás, de um simples esboço ainda um pouco esquemático.

Poderíamos aproveitá-lo, aplicando-o às sociedades históricas e contemporâneas, sob o ponto de vista das constituições políticas. Com efeito, quase todas resultam da reunião de sociedades anteriores menos extensas, e podem distinguir-se conforme o modo e o grau de ligação entre essas partes. A estrutura de uma sociedade política exprime a maneira porque as diferentes regiões que a compõem se habituaram a viver umas com as outras. Se as suas relações são, tradicionalmente, íntimas, a constituição política é muito centralizada. Era o que já sucedia em França, durante a administração real. Na Inglaterra da época vitoriana, apesar do progresso económico, a fusão das diversas unidades regionais é menos perfeita. As instituições locais são aí mais poderosas: condados, *townships*, paróquias. Na Alemanha anterior à guerra, os Estados viveram separados durante muito tempo, e consolidaram-se com demasiada rapidez, por vezes até ao absurdo, nas formas arcaicas do antigo Império romano-germânico, para que uma evolução progressiva os tenha podido aproximar suficientemente. O resultado foi uma constituição federal que é um compromisso entre duas estruturas morfológicas sucessivas. Outra constituição federal: a dos Estados Unidos, imutável há mais de um século, salvo algumas modificações secundárias. É porque ela corresponde a um grande carácter de estrutura, também constante, que é a ligação entre duas partes desse povo, a população concentrada dos Estados de Leste, e uma outra, dispersa e em movimento, que cede, pouco a pouco, uma parte da sua substância à primeira, mas não cessa de se reconstituir, formada pelos agricultores e pelos pioneiros do oeste, elemento essencial da civilização americana: compromisso entre duas estruturas morfológicas justapostas.

Tenhamos, também, em conta os diversos modos de aglomeração: campo; aldeias dispersas, pequenas cidades e grandes cidades concentradas. Noutros tempos, e ainda hoje, em certas regiões pouco evoluídas, os homens formam agrupamentos políticos muito pouco consistentes, que mudam facilmente de forma, que podem dividir-se, associar-se, fundir-se e separar-se de novo, por muitas maneiras. No Norte da África, especialmente em Marrocos, Montaigne descreveu, recentemente, essas tribos numerosas e movediças, que ora se opõem, ora se unem, passam de um sistema de alianças e de associações que vão até à fusão, para um outro, e constituem por vezes, temporariamente, massas consideráveis. No seu livro acerca de Gengis Khan, explica Grenard a formação do vasto império constituído, de forma efémera, na Ásia Central, sob a autoridade do grande conquistador mongol, por essa mesma instabilidade e essa inconsistência dos grupos, que um chefe de guerra pode reunir, assim, num vasto Estado: mas essa massa só forma um todo enquanto vive o conquistador, e decompõe-se, de novo, logo que ele desaparece.

O apego ao solo não basta para constituir unidades políticas suficientemente resistentes, enquanto se não passar da fase da aldeia. As populações sedentárias estão muito dispersas, agrupadas em aglomerações muito pequenas e pouco densas. Presa fácil para os povos nómadas, sobretudo quando estes possuem uma forte organização militar. O quadro espacial é, então, mais ou menos um quadro feudal: sobrepõe-se aos grupos sedentários dispersos; é uma tentativa de organização no espaço, mas que só lentamente adquire consistência. Michelet viu claramente o que tem de precário uma ordem destas, pois se não baseia na tribo, nem na raça, e não pode, também, basear-se na terra enquanto houver luta e discórdia entre os antigos proprietários do solo e os conquistadores, e ainda entre os diferentes conquistadores, sucessivos, em guerra uns com os outros. «A fixação, o apego à terra, à propriedade, essa condição impossível de cumprir, enquanto durarem as imigrações de raças novas, principia, apenas, a desenhar-se na época Carolíngia: só com o feudalismo se completará. A ordem, a unidade, foram, ao que parece, obtidas pelos Romanos, por Carlos Magno. Mas porque terá tido essa ordem tão curta duração? É porque era inteiramente material, exterior […]. A matéria quer a dispersão, o espírito pretende a unidade. A matéria, essencialmente divisível, aspira à desunião, à discórdia. Unidade material é um contra-senso. Em política, é uma tirania […]. Enquanto se espera a vinda do espírito, a matéria vai-se embora e dissipa-se aos quatro ventos do mundo. A divisão subdivide-se, o grão de areia aspira ao átomo. Abjuram-se e amaldiçoam-se, não querem conhecer-se mais. Cada um diz: quem são os meus irmãos? Fixam-se, isolando-se. Um empoleira-se como a águia, o outro entrincheira-se atrás da torrente. Dentro em pouco, o homem deixa de saber se existe um mundo para além do seu cantão, do seu vale.»

É com a formação das cidades que surge uma nova organização, ao mesmo tempo espacial e política. As cidades constituem núcleos e centros estáveis. É na cidade que se elaboram as instituições e um espírito político novo, que alastra e irradia primeiro sobre a província, depois sobre o Estado inteiro.

Coloquemo-nos agora num outro ponto de vista. Depois do Estado, no seu conjunto, consideremos as suas grandes funções: organização militar e justiça. Cada uma delas supõe a existência de órgãos justapostos, hierarquizados, isto é, agrupamentos estáveis de dignitários, agentes e funcionários, ossatura da administração política. Essas funções exercem-se no espaço, e de maneira relativamente uniforme em toda a extensão do território. Por outro lado, cada delas deve adaptar-se a seu modo à distribuição dos habitantes. Podemos, portanto, dizer que há, em todos os países, como que um espaço militar, um espaço judiciário e um espaço fiscal. Todos esses espaços estão divididos em circunscrições, com centros principais e secundários, rigorosamente localizados. Zonas que, sem dúvida, se recobrem em parte. Cada uma delas, no entanto, tem a sua extensão, as suas divisões, a sua estrutura e a sua figura própria. A medida que as funções se diferenciam, esses espaços distinguem-se mais nitidamente. É preciso que os homens aprendam a passar de um para o outro sem os confundir, e a orientar-se em cada um deles. São nisso ajudados por sinais identificadores bem localizados, e cuja imagem se impõe ao seu pensamento. A este respeito, a administração-central apresenta, em súmula, os mesmos caracteres. Pensemos nas assembleias políticas, das nossas sociedades, cuja sede é bem determinada e bem visível, nos ministérios com toda a rede das suas direcções e repartições. Compreender-se-ia bem a vida política durante a Revolução, poderia fazer-se dela uma ideia suficiente, sem se evocar a localização da Convenção, da Comuna, das secções?

Na verdade, os homens não podem desempenhar, em comum, qualquer função política sem se reunir, sem se fixar num lugar definido em relação aos que ocupam os outros funcionários, e também em relação aos outros homens. Por outro lado, não há transformação política, lenta ou brutal, que não acabe por provocar muitas modificações sob este aspecto. É claro que, em certos casos, há a preocupação de preparar a transição: os magistrados, as assembleias, ficam nos lugares que ocupavam anteriormente, e com eles se satisfazem o maior tempo possível: é o caso do parlamento inglês, eleito por um novo modo de sufrágio, e que representa, hoje, classes da população bem diferentes das que representava noutros tempos, que continua a reunir-se em Westminster. Mas, em período de revolução, trata-se, sobretudo, de afirmar claramente que o passado morreu. Renovam-se, então, as formas, obrigam-se os grupos a entrar em novos quadros espaciais. Sólon fez uma nova divisão da população, e essas divisões deixaram de corresponder às mesmas regiões e localidades que anteriormente. Por ocasião da Revolução Francesa, o facto de os novos poderes locais terem adoptado sedes diversas dos antigos bailiados e prebostados foi, talvez, mais grave que a deposição e até a morte do rei, e que a expropriação dos privilegiados. Isso provocou uma mudança radical dos costumes e representações a que os grupos estavam mais agarrados. Mas sucedia o mesmo, no anterior regime, quando nas cerimónias se mudava o lugar de um dignitário.

Os velhos edifícios oficiais abandonados ou desbaptizados são como essas portas de cidades, tornadas monumentos históricos, ou como esses colégios medievais transformados em oficinas e alojamentos para operários. Conservam sempre qualquer coisa do prestígio que tiveram as instituições que recordam. As antigas casas da câmara das cidades flamengas evocam a antiga actividade municipal. Os palácios dos reis são os únicos testemunhos que ainda existem de funções que, actualmente, são exercidas por meio de outros órgãos.

Mas precisamos de olhar ainda para mais longe, para lá dos centros, dos pontos centrais onde a função tem a sua sede principal: ela não pode ser separada do conjunto humano sobre que se exerce, e do seu aspecto material. – A função militar é visível em todo o exército, mas também pelos sinais que deixa da sua actividade benéfica ou destruidora, da sua passagem aclamada ou temida, no resto da população. No tempo das invasões, não compreende ela, não arrasta ela consigo a população inteira, incluindo mulheres e crianças, e não será sob esta forma que imaginamos as tribos armadas em marcha pelos países invadidos ou ameaçados? Os bandos de mercenários, na Idade Média, os exércitos profissionais, pagos também, mas recrutados principalmente no baixo povo, no Antigo Regime, imaginamo-los nós a não ser como grupos de mendigos e de bandidos, submetidos a uma rude disciplina, mas prontos à debandada e à pilhagem, e que semeavam, com frequência, à sua volta, nos campos, a devastação e o terror? Os exércitos de hoje mergulham mais profundamente as suas raízes na população nacional, em todas as suas regiões e em todas as suas classes.

A justiça não vive somente nos tribunais, manifesta a sua presença invisível em toda a sua área. O juiz e as partes estão, assim, ligados num agregado que compreende todos os habitantes de uma região, na parte em que estão submetidos às leis. Quando os senhores só dependem do julgamento dos seus pares, a função judicial a pouco se reduz. As guerras privadas multiplicam-se. A justiça senhorial abrange um território muito limitado e desinteressa-se dos forasteiros. Os mercadores só podem aventurar-se nas estradas, agrupando-se e levando armas. Tumultos, rebeliões, assaltos sangrentos, ficam por punir. Progressivamente, a justiça estende-se a toda a nação; mas há muitas regiões que lhe resistem, mantendo-se, durante muito tempo, inacessíveis a ela: terras incultas, desabitadas ou pouco habitadas, vastas florestas atravessadas apenas por algumas estradas, montanhas, costas desertas e os lugares tenebrosos das grandes cidades. São factos bem aparentes, cuja presença ou ausência esclarece o aspecto material e espacial da função judiciária encarada em todo o seu domínio.

Há, pois, uma morfologia política, no sentido de que os Estados, as instituições políticas de um país, têm formas definidas e permanentes, que resistem à mudança. É porque elas são solidárias com as coisas, com certos limites e figuras nas coisas, e, principalmente, com as representações que delas fazem os grupos.

No entanto, aqui como em morfologia religiosa, os fenómenos desta ordem têm um duplo aspecto. Podemos encará-los, em primeiro lugar (foi precisamente o que fizemos até aqui), como fenómenos propriamente políticos. O facto de um país pretender conservar as suas fronteiras, dos homens terem um certo apego à sua província, significa que o espírito nacional ou provincial é bem forte. Essas divisões, esses limites, são como que os símbolos do grupo, da sua existência e da sua vitalidade. Se, de facto, uma nação que vive há um certo tempo em certo regime tem dificuldade em se separar do quadro exterior e formal no qual se encerrou, é porque as suas funções tomaram a forma desse quadro. Mas porque não nos havemos, então, de contentar com os hábitos políticos assim contraídos? Eles supõem, é certo, uma população. Mas essa matéria humana é, toda ela, transformada pelo facto de se assimilar ao corpo nacional, de se ter tornado a população de certo país, vivendo sob um certo regime. Não são homens, pura e simplesmente, mas cidadãos, súbditos, governantes, governados, funcionários, administrados. Era isto o que poderíamos dizer para mostrar que os fenómenos de morfologia política são fenómenos políticos, como os outros, e só devem ser estudados sob esse ponto de vista.

Contudo, os grupos de homens que entram nos quadros da vida política, e antes de neles entrarem, não são uma massa amorfa. Diremos nós que não é possível saber o que eles são antes de constituir uma nação, de participar dos privilégios de uma cidade, de ser incorporados num exército, de estar submetidos a um tribunal, por só então os podemos atingir – sendo certo, de resto, que já antes disso havia tribunais, exércitos, Estados, mais reduzidos talvez, em todo o caso menos complexos, mas que já tinham deixado nos homens a sua marca? Será, portanto, verdadeiro que as organizações políticas bastam para produzir todas as condições necessárias ao seu próprio desenvolvimento?

Mas, como já vimos, se surge a necessidade de remodelar ou transformar inteiramente um sistema político, é, muitas vezes, porque a sociedade, isto é, a população, aumenta, em extensão e em densidade. Ora, esse aumento não foi, ordinariamente, querido e pretendido pelos legisladores, pelos homens de Estado ou governantes. Em todo o caso, não é esse o objecto das instituições estabelecidas, que, como todas as instituições, tendem, em primeiro lugar e antes de mais nada, a subsistir tais como são, e não a determinar uma evolução e circunstâncias que as tornem caducas.

O mesmo se pode dizer da formação das grandes cidades, das migrações: fixam-se os limites da cidade, regulamenta-se o transporte dos imigrantes, como se abriria o leito de um curso de água, para o impedir de fugir. Mas, apesar dessas medidas de organização política, algumas vezes até por elas terem, sem o querer, inconscientemente provocado a actividade de forças demográficas que estão fora da sua previsão, assim como da sua fiscalização, as cidades aumentam cada vez mais, e vão de extensão em extensão, as correntes de imigração aumentam desmedidamente, e outras aglomerações, outros movimentos de massas, vêm fazer fracassar todos os cálculos dos conselhos e das administrações.

É, portanto, fora do próprio sistema político, e como que num outro plano, que temos de procurar as causas que modificam o número dos habitantes, o seu grau de aproximação, etc. Esses fenómenos têm um alcance político indiscutível; mas aparecem e transformam-se sob a acção das causas que fazem crescer ou decrescer as populações em geral.

Estados centralizados, descentralizados: nós procuramos a sua razão de ser no grau de aproximação entre as regiões que constituem os diversos países. Mas esse mesmo carácter não estará em relação com o aumento da população nacional? No fim do século XVIII e princípios do XIX, a população francesa era muito mais numerosa e muito mais densa que as populações inglesa, alemã, etc. É inegável que essa desigualdade pode, em parte, provir de uma diferença de instituições: os terrenos murados, em Inglaterra, aumentam as pastagens, reduzem os campos de trigo, e reduzem, assim, o nível dos víveres. Trata-se, porém, de um efeito indirecto, e não procurado, dessa orientação. Todos os Estados, no século XVIII, são populacionistas, desejam multiplicar o número dos seus habitantes. Mas alguns deles deparam com forças (natalidade, mortalidade) contra as quais nada podem. Outros, aproveitam-se de circunstâncias e movimentos de população, que eles nada fizeram para favorecer, quer no exterior: preguiça ou fraqueza demográfica dos seus vizinhos; quer no seu território: aumento de natalidade que compensa, e com vantagem, os mortos devidos às guerras, à fome, à miséria. Entre os diversos Estados compreendidos no império Alemão, como entre os dos Estados Unidos, se há separações persistentes que explicam muitos aspectos do seu regime político, não resultarão elas, sobretudo, de movimentos de povos, de deslocações de populações? A consequência são as diferenças quanto ao povoamento e às comunicações.

Quanto às grandes funções da vida política, não criam sozinhas, e de uma só vez, as suas formas. É certo que a situação dos comandos militares, dos palácios de justiça e dos tribunais, se explica, com frequência, por motivos históricos ou técnicos. Mas é, de facto, nos lugares verdadeiramente centrais em relação às populações que, com o correr dos tempos, vemos crescer e consolidar-se esses órgãos de direcção central. Ora esses grupos podem mudar de volume e de estrutura, sob o impulso das próprias forças que condicionam o crescimento e as deslocações da população em geral. – Pretendemos estudar, num sentido mais lato, a figura que nos apresentam, no espaço, o exército e a justiça? A guerra não é apenas uma questão de diplomacia e de organização estratégica. Com ela, transportamo-nos para um plano que nos aproxima das condições primitivas, em que as massas da população lutam pela conquista do espaço físico. Certos factores, como a mortalidade, a renovação das gerações, a extensão dos grupos, as comunicações, deslocações e concentrações, desempenham aqui o principal papel. Em que pode admirar-nos que o aspecto geral dos exércitos, conforme as épocas e os lugares, esteja em relação com o estado da população pura e simples? As forças que determinam as guerras e o seu desfecho parecem obscuras, porque se confundem, em parte, com esses factores demográficos tão mal conhecidos pelos chefes militares e pelos homens de Estado. A impetuosidade das hordas bárbaras que, durante o período das invasões, chegaram do Norte da Europa em vagas sucessivas, explicava-se pela necessidade de espaço em populações muito densas. Os exércitos de conscritos do fim do primeiro império saiam de uma população masculina cujas categorias mais idosas estavam muito reduzidas e em parte dizimadas.

Outrora, como mostrou Durkheim, predominava a justiça penal ou criminal: ordálio ou julgamento de Deus, interrogatório, tortura, repressão cruel dos crimes de direito comum. Era isso que ocupava o primeiro plano. Progressivamente, a justiça civil, a justiça dos contratos, ganhou terreno: longos processos, debates contraditórios, alegações, recursos, exames periciais, compromissos, etc. O quadro mudou, ao mesmo tempo que os tribunais se multiplicaram, que os códigos se alongaram, que a jurisprudência proliferou. Mas porquê? É que, em sociedades mais extensas e mais densas, os interesses, os trabalhos, os serviços, as situações, diferenciaram-se cada vez mais. Fenómenos de população, ainda, sobre os quais a organização política não tem poder, apesar de se produzirem nos próprios grupos que ela compreende.

Quanto às formações políticas, Siegfried estabeleceu claramente, à face das estatísticas eleitorais da França do Oeste, que elas estão em relação com os modos tradicionais ou recentes de estabelecimento dos homens sobre o solo, com a sua mobilidade também, com a intensidade da vida urbana. Pescadores e marinheiros das regiões costeiras, operários dos arsenais, dos portos militares, das fábricas, camponeses dispersos por um vasto território de planícies, de bosques espessos e baixos, de pântanos, de canaviais: outros tantos modos diversos de aglomeração, de circulação, nesses grupos desigualmente abertos às influências do exterior. É tudo isso que devemos aperceber atrás do eterno conflito das tendências e dos partidos.

Por conseguinte, a morfologia política, capítulo essencial da ciência das instituições políticas, estuda o aspecto material destas, isto é, estas instituições encaradas através dos grupos de homens, movendo-se sobre o solo, que asseguram o seu funcionamento. Mas esses grupos podem ser também considerados em si mesmos, abstraindo da vida política para que são arrastados; então, aparecem-nos como que arrastados por uma outra corrente, a que determina as formas materiais da população pura e simples, e cujas leis se aplicam, igualmente, a todos os outros agregados humanos compreendidos no espaço.

Capítulo III

A Morfologia Económica

No mundo económico, a actividade dos homens exerce-se directamente sobre a matéria. Aqui, mais do que na religião e na política, os pensamentos e as acções humanas chocam-se com a natureza das coisas, e devem adaptar-se à proximidade ou ao afastamento das matérias-primas, das reservas de forças, aos meios de transporte, aos edifícios, fábricas, casas de comércio. Isto dá lugar à existência de grupos distintos conforme as empresas, os produtos, etc., e que tomam, de certo modo, a forma dessas localizações, meios de produção, depósitos de mercadorias, mercados, etc.

Coloquemo-nos, sucessivamente, no plano da produção e depois no da distribuição dos bens.

Simiand distinguia os regimes e as formas de produção. Os regimes correspondem às regras jurídicas que definem os direitos e obrigações dos agentes da produção: trabalho dos escravos, trabalhadores adstritos ao serviço dos senhores, das abadias, corporações de artífices e de mercadores, empresas capitalistas, cooperativas, do Estado, etc. Por formas da produção, entendemos, ao contrário, as condições, técnicas e a grandeza das explorações.

Ora, regimes de produção muito diferentes podem corresponder a uma idêntica distribuição dos homens no espaço; por exemplo, em certos ramos da indústria, o capitalismo já existe, apesar de os antigos mesteres se exercerem ainda nos mesmos locais. Mas os trabalhadores assalariados substituíram neles os artífices, ou os artífices passaram a ser assalariados. Identicamente, é um facto bem conhecido na história económica que, nos primeiros tempos do capitalismo, a tecelagem era feita em oficinas domésticas, no campo, oficinas de dimensões médias, correspondentes a uma população pouco densa. Visto que os regimes não parecem ligados, pelo menos de forma constante, a esta ou àquela estrutura da população, mais vale contentarmo-nos com as formas da produção, tais como acabamos de defini-las.

Em primeiro lugar, a técnica. – Os caçadores dispersam-se, porque, no geral, assim o exige a técnica da caça. Mas há também expedições de caça ou de pesca, que obrigam os homens a agrupar-se, pelo menos temporariamente: em volta de um lugar rico em caça ou nas proximidades de um banco de peixes. Atravessemos os campos na época das colheitas ou da vindima, ou observemos uma herdade em plena actividade. Ou, ainda, visitemos uma mina, um estabelecimento metalúrgico, um tear, uma fábrica de calçado, uma tipografia. Camponeses ou operários formam grupos em volta dos produtos, das máquinas, agitam-se ou imobilizam-se à volta de dispositivos materiais, como se se confundissem com os aparelhos da produção: grupos de operários, séries homogéneas, séries engrenadas; em cada uma delas os mesmos gestos ou gestos complementares, e um ritmo do trabalho em comum.

Mas essas aproximações por motivos técnicos não dão origem a grupos realmente sociais. A cada carreira de trigo num campo, corresponde uma fila de ceifeiros; cada galeria de mina tem uma turma de trabalhadores, assim como cada oficina; à volta de um grupo de máquinas organiza-se como que uma célula de operários. Mas isso não cria uma ligação durável e verdadeiramente humana entre os membros desses agrupamentos. Uma turma de operários associa, combina, seres e esforços físicos, tendo em vista um resultado material imediato; não é uma sociedade.

Deixemos, portanto, a técnica, e consideremos a grandeza, a extensão no espaço dessas empresas do comércio, da indústria, da agricultura, com a massa dos homens que gravitam à volta delas. Aqui, estamos no centro da morfologia económica.

Já nos campos, o tamanho das aldeias está em relação com a extensão das terras exploradas. Quer as casas se dispersem ou se aglomerem, agrupam-se, conforme a sua proximidade, em agregados distintos. No interior de cada um deles circula uma vida comum. Essas formas são estáveis, visto que o camponês vive na sua aldeia, todos os dias, todos os meses e durante toda a duração dos anos. – Da mesma forma, nas cidades, durante todo o período que precedeu a grande indústria, os mesteres agrupavam-se em certos bairros e em certas ruas. Artífices e comerciantes concentravam-se no interior das muralhas. A cidade enchia-se de homens, nos dias de mercado, pelo afluxo dos mercadores vindos de fora e dos compradores vindos dos campos. Mas conservava a mesma forma e ficava no mesmo ponto do espaço. Com a grande indústria, empresas cada vez maiores deram lugar a uma população operária crescente, que se fixou à volta delas, ou nas proximidades.

Grande, média e pequena indústria: são realmente estas as formas essenciais e verdadeiramente sociais da produção, porquanto são elas a razão de ser de agrupamentos, desta vez duráveis, de uma extensão e de uma densidade desiguais. Umas vezes são as antigas cidades que aumentam de volume, à medida que uma população mais densa se acumula nelas. As velhas casas burguesas abrigam, em alojamentos multiplicados, famílias de operários. Formam-se arrabaldes à sua roda, para fora dos antigos limites, excrescências irregulares que aumentam com os novos habitantes vindos dos campos próximos, das pequenas cidades vizinhas e até de mais longe. Outras vezes criam-se novos estabelecimentos urbanos à volta ou na proximidade das grandes empresas, surgidas em regiões até então pouco povoadas: cidades de operários, cujas construções simétricas fazem pensar numa criação artificial e improvisada. Essas vastas reuniões de homens parecem existir em tais lugares e com semelhantes formas só porque elas são como que o torrão onde a grande indústria mergulha as suas raízes.

Para compreender a organização industrial moderna, é preciso ter na devida conta o número considerável de homens que uma empresa emprega, e também as massas extensas e densas que absorvem os seus produtos. Isto é o mesmo que dizer que as formas da produção são um aspecto da vida económica que devemos estudar como tal. Traduzamos, por isso, em termos económicos, esses fenómenos de população que estão ligados ao desenvolvimento da grande indústria: pensaremos na grandeza da mão-de-obra e no número dos compradores; e procuraremos, também, saber como a sua concentração, a sua dispersão, as suas deslocações, influem nas trocas de bens e de serviços. A oferta e a procura – a oferta de mão-de-obra, a procura de produtos –, que desempenham um papel tão importante na vida económica, estão em íntima relação com o volume da população, a forma por que ela aumenta, diminui ou se concentra. Neste sentido, a morfologia económica é, apenas, uma parte do estudo sociológico que incide sobre os fenómenos de produção e de circulação dos bens.

No entanto, uma questão é saber se a organização económica tem o poder de criar por si mesma ou de atrair os agentes e clientes de que necessita, ou se, pelo contrário, a indústria não teve, primeiro, de se adaptar à população, se não se desenvolveu nos lugares onde encontrou fontes de mão-de-obra e uma massa de compradores, e também possibilidades de desenvolvimento, meios de comunicação, estradas, portos, grandes cidades. A este respeito, falaremos mais adiante. Por agora, basta-nos indicar que a evolução demográfica e as mudanças de estrutura dos grupos urbanos, rurais, etc., que acompanham a passagem para a grande indústria, podem também encarar-se em si mesmos, como fenómenos de população puros e simples (morfologia *stricto sensu*).

De resto, nada impedia que a população tivesse aumentado por simples migração, e que, em vez de ser, aparentemente, o efeito do desenvolvimento industrial, esse aumento tenha sido a condição desse desenvolvimento. Na Antiguidade, dispondo de meios técnicos rudimentares, como teriam os Gregos e os Romanos podido produzir tantos objectos necessários à satisfação das suas necessidades, e desenvolver uma actividade agrícola e industrial já considerável, sem recorrer à mão-de-obra dos escravos? Foi pela guerra e pela conquista, quer dizer, explorando intensamente as reservas demográficas dos povos bárbaros, que eles mantiveram num elevado nível a sua população de escravos e remediaram as baixas que uma forte mortalidade e condições de vida bastante difíceis nela deviam produzir. Foi, também, graças à mão-de-obra negra, importada de fora, que as plantações de algodão puderam ser exploradas na América. O Japão dispõe de uma mão-de-obra abundante, porque a sua população aumentou imenso em pouco tempo. Mas a causa dessa forte natalidade deve, talvez, ir procurar-se em certas particularidades das suas instituições e dos seus costumes, que não são principalmente económicas.

Desde que uma certa evolução demográfica pode, pois, realizar-se como consequência de circunstâncias muito diversas, conquistas, imigrações, etc., como também em virtude de mudanças de forma da indústria, o que há de especial nessas circunstâncias não pode ser encarado como a verdadeira causa da evolução. Esta, seja qual for a relação aparente que pareça ter com a transformação industrial, deve ser separada dela, e colocada na corrente dos fenómenos de população. Depende, como estes, de que faz parte, de um estudo próprio: estudo das grandes cidades em geral, das imigrações em geral, da natalidade em geral.

A distribuição das riquezas comporta, também, um aspecto morfológico. Chamaremos formas de distribuição aos diversos grupos pelos quais se dividem os homens, conforme o montante dos seus rendimentos, isto é, às classes económicas. – No campo, como na cidade, os homens de diferentes classes cruzam-se e acotovelam-se, pelos caminhos, nas ruas, no mercado. Acontece que habitam em casas vizinhas, por vezes na mesma herdade, no mesmo imóvel urbano. No entanto, em cada região, em cada cidade, em cada bairro, predominam certas classes: pode dizer-se que elas põem a sua marca na parte do solo onde residem, a ponto de, quando se atravessa uma região, poder reconhecer-se, pelo aspecto da paisagem e dos homens, se ela é rica, pobre ou miserável, assim como, numa grande cidade, se distinguem, à primeira vista, os bairros ricos e os bairros pobres. Esta visão superficial, com que se contentam os estranhos, é substituída, nos que conhecem bem os lugares, por julgamentos mais precisos e mais especializados. É porque eles conhecem os hábitos de residência e de circulação dos habitantes.

De facto, como os membros de cada classe convivem e vão a casa uns dos outros, podemos dizer que a cada uma delas corresponde uma parte do espaço, que compreende o conjunto dos lugares que eles habitam, conjunto mal definido no pensamento dos seus membros, mas que não deixa, por isso, de ser uma realidade. Noutros tempos, mais, sem dúvida, que hoje, era necessário acrescentar-lhe os lugares mais ou menos públicos, casas de comércio, salas de espectáculo, passeios, jardins e parques, estações de veraneio, hotéis, onde havia maior número de probabilidades de se encontrarem homens de uma classe que das outras. Em todo o caso, ainda hoje há regiões e cidades nitidamente caracterizadas a esse respeito – cidades, bairros e ruas de luxo, cidades, bairros e arrabaldes de operários. Essas distinções atenuam-se, por vezes, mas existem. Há ricos, sobretudo filhos de ricos, que ignoram totalmente os lugares habitados pelos operários, e pobres que nunca se aventuraram nos bairros ricos. As classes têm, efectivamente, pelo menos uma tendência para se separar umas das outras no espaço. Os fenómenos deste género estão intimamente ligados à vida económica. Auxiliam a sua melhor compreensão, porque resultam de uma diversidade de níveis de vida. Em cada um desses grupos, necessidades, gostos e costumes, tendem a uniformizar-se, num nível diferente quando se passa de um para o outro. O desenvolvimento relativo de certas indústrias, de géneros alimentícios, de produtos de luxo, e os preços atingidos por determinadas mercadorias, estão em relação com a desigual extensão dessas classes. O mesmo sucede com a direcção das correntes de troca, a intensidade dos negócios de certa ordem em mercados situados aqui ou além, conforme a localização da procura, mas de uma procura qualificada: compradores de artigos, de vestuários, de móveis, que correspondem às necessidades de meios situados mais ou menos alto na escala social.

É assim que, num país onde as velhas aristocracias de nascimento e de fortuna são, bruscamente, atingidas por uma crise económica, ou lentamente abaladas e minadas pela transformação das condições que, anteriormente, as favoreciam, quadros, jóias, móveis antigos, livros raros, vêm encher os armazéns dos antiquários, dos ourives e joalheiros, são expostos nas vitrinas dos negociantes de objectos de arte – o que explica, talvez, que nas classes novas e pretensiosas, que surgem em todas as épocas, o gosto pelas antiguidades, pelos móveis antigos e pelas colecções, se desenvolva tão depressa. Inversamente, desde que o nível de vida de um grupo, cujos meios eram, até então, reduzidos, se eleva bruscamente e de forma duradoura, pode suceder que a novas necessidades, recentemente surgidas, corresponda o aparecimento e o desenvolvimento de indústrias próprias para as satisfazer. Com a considerável subida dos salários nos Estados Unidos, em seguida à [Primeira] Guerra, os operários americanos, em vez de aumentarem as suas despesas em géneros alimentícios, de procurarem melhores alojamentos, voltaram-se para as invenções da técnica moderna, automóveis, motocicletas, rádios, T.S.F., máquinas aspiradoras, ferros de engomar eléctricos, etc., e esta procura acentuada deu um forte impulso às indústrias mecânicas que produzem todos esses objectos em série.

Assim, a agricultura, a indústria, o comércio, dependem dos movimentos que transformam e renovam as classes sociais. O que são, porém, para o economista, essas classes, senão grupos de compradores que se dirigem para certo armazém ou para certos outros, como às portas dos teatros a onda dos espectadores se divide em duas grandes correntes, os que pedem camarotes e cadeiras de plateia e os das galerias populares e dos anfiteatros superiores? Esses grupos têm contornos, essas correntes têm uma direcção e uma forma: é estudando-os de perto que melhor se consegue descobrir a natureza e o grau da actividade económica de uma sociedade.

Todavia, a divisão das classes e a sua distribuição no espaço apresentam-nos ainda um outro aspecto. Na burguesia, nas classes médias, na classe operária, em cada uma delas olhada em separado, ao lado das necessidades e dos gostos, também os costumes, as regras de acção e as representações se uniformizam. O resultado é que cada classe tem, sem dúvida, a sua taxa especial de mortalidade e de natalidade, visto que os nascimentos e os óbitos têm por causa o comportamento dos vivos.

Bem entendido, cada classe deve ser concebida como a reunião de meios cujos hábitos não são todos iguais. Nelas encontramos, por exemplo, uma sucessão de zonas que representam todos os graus da moralidade (da moralidade definida em relação à classe considerada). Por outro lado, os costumes mudam de uma época para outra, os costumes demográficos também, e muitas diferenças a este respeito tendem a desaparecer entre as classes. É assim que, em muitas zonas da classe operária, não há uma média de nascimentos superior à dos meios mais bem colocados. Mas, dito isto, não há dúvida que a proporção dos nascimentos varia, com frequência, conforme o nível dos rendimentos. Quando se procura calcular as causas da despovoação na antiga Roma, pergunta-se que influência exerceu, nesse sentido, a escravatura, e admite-se que a taxa de reprodução não era a mesma na classe servil que nas outras. Nos nossos dias, nos diversos bairros de Paris, por exemplo, classificados em função da importância média dos impostos, ou pelas rendas, a taxa de natalidade é muito diferente. Isto equivale a dizer que um grupo, conforme a sua composição social, crescerá mais ou menos rapidamente, renovar-se-á de forma a manter-se tal como é, ou perderá, por vezes, pouco a pouco, a sua substância.

Se as classes parecem assim diversamente desigualmente capazes de aumentar ou até de conservar o mesmo volume, isso é, tão-somente, o efeito das leis da população em geral. Porque será que, como já por vezes se tem verificado, uma casta fechada, uma aristocracia exclusiva, apresenta uma taxa de natalidade reduzida? Porque será ela, com frequência, obrigada a incorporar novos elementos, a fim de se manter no seu nível? Ou é porque os casamentos são, nela, menos numerosos, ou porque as uniões são menos fecundas. Mas sucederia, certamente, o mesmo com qualquer população que fosse ao mesmo tempo endógama e limitada. Razões sociais e económicas podem explicar o aumento ou a diminuição de um grupo: elas reduzem-se sempre a impedimentos ao casamento, à procriação, e obstáculos físicos tendentes à dispersão no espaço ou à limitação dos meios de subsistência, teriam, no fim de contas, o mesmo efeito. É, portanto, no conjunto dos fenómenos de população que também estes últimos devem ser classificados e reincorporados.

Outro aspecto morfológico das classes são os seus arranjos materiais, disposições e deslocações no espaço. A grande indústria supõe aglomerações extensas e densas. Ora, quem atravesse os bairros de uma cidade fortemente povoada, verificará que cada um deles se distingue dos outros pelo nível social da sua população (como acabamos de ver), mas, ao mesmo tempo, pelo modo de agrupamento dos seus habitantes, em blocos ou imóveis fortemente povoados, em pequenas casas espaçadas, nas lacunas que deixam entre si os bairros de construção antiga, entre as linhas de caminhos-de-ferro, na proximidade das fábricas, nas regiões periféricas em que já não é cidade e ainda não é campo. De facto, cada cidade de crescimento recente é composta por uma série sucessiva de grupos arrumados ao lado uns dos outros, uns após outros, e que correspondem, muitas vezes, a outras tantas classes económicas diferentes.

Mas essas estruturas urbanas, e o movimento de que elas resultam, não terão uma realidade própria, abstraindo das diferenças de classe social? Não estaremos, de novo, no domínio dos fenómenos de população? Nesses homens, de meios limitados, que dispõem de poucos recursos, que só podem aceder a profissões inferiores, reconheceremos, também, em muitos casos, imigrantes, vindos dos campos para a cidade, ou chegados, através dos mares, de países estrangeiros. Contentemo-nos, então, com os caracteres demográficos do imigrante encarado como tal. Arrancado ao seu grupo de origem, acostumado, por outro lado, até aqui, a outras condições de povoamento e de habitação, sem o hábito da vida sedentária, representa, em primeiro lugar, uma matéria inassimilável nas grandes cidades em que tenta penetrar. Não mergulha na vida urbana e só conhece as grandes ruas populosas dos bairros centrais. Nos períodos de desemprego, uma grande parte da população operária, também na Europa, aflui às grandes cidades, população flutuante que não faz, realmente, parte do grupo urbano.

Todos estes caracteres definem claramente diversas estruturas demográficas, que podemos descrever e explicar sem ter em conta as situações económicas. Populações sedentárias, formadas por famílias que vivem ali desde o início da povoação, fixadas ao solo de pais a filhos, populações móveis, que não se demoram muito tempo em parte alguma, animadas por uma espécie de movimento perpétuo: entre estes dois casos extremos, há muitos intermediários. Os estabelecimentos urbanos resultam da justaposição de grupos de desigual mobilidade. As classes não são, apenas, agregados cujos índices de natalidade, de mortalidade e de nupcialidade diferem; caracterizam-se, ainda, pelo seu modo de agrupamento, a sua extensão, a densidade ou a dispersão dos seus membros à superfície do solo, e pela natureza e a frequência das suas deslocações. Todos estes fenómenos fazem parte, directamente, da ciência da população.

Morfologias religiosa, política e económica: acabamos de percorrer um campo já bastante vasto da vida social. Mas o que delas dissemos, pode aplicar-se a todos os outros grupos. Jules Romains descreveu-nos sociologicamente essas aglomerações efémeras que podemos observar nas ruas das nossas cidades, cortejos fúnebres, manifestações, grupos de curiosos, bichas que se formam à entrada de um teatro, grupos que param à espera do eléctrico; nessas formações colectivas, que rapidamente se desfazem, o corpo é aparente, e a alma é flutuante, pouco consistente. Mas, na extremidade inversa, uma sociedade de santos, ou de filósofos, nunca é uma sociedade de espíritos puros: tem um corpo, mesmo que o esqueça e procure separar-se dele. Por outro lado, pode dizer-se que a alma está solidamente presa ao corpo, como na família, ou numa nação orgulhosa das suas tradições, confiante no seu futuro, mas também segurado seu território. Em todo o caso, o corpo nunca pode faltar totalmente: é que todos esses grupos tomam lugar no espaço e são constituídos por seres submetidos às forças da vida orgânica.

É certo que, conforme os casos, esse aspecto material da vida social é mais ou menos aparente, em relevo; é apagado nas sociedades religiosas e, no entanto, bem real mesmo nelas; é mais acentuado nas organizações políticas e mais ainda no mundo da produção e das riquezas. A resistência que a matéria opõe às combinações humanas vai aumentando, à medida que o seu pensamento se prende mais ao meio espacial, para nele fixar o seu lugar, para nele se organizar segundo regras uniformes, e, sobretudo, para exercer o seu poder sobre as próprias coisas. Mas não haveria harmonia possível nas acções dos homens, nem estabilidade nos seus pensamentos e instituições, se eles não adoptassem certas maneiras de ser definidas e duráveis, que, para as actividades sociais habituais, estão na mesma relação que o aspecto material dos órgãos para as funções orgânicas. É este, efectivamente, o objecto da morfologia social em sentido lato.

Deste ponto de vista, as formas espaciais da vida colectiva aparecem-nos, primeiro, como as condições necessárias de um conformismo, de uma uniformidade no tempo e no espaço, de que, assim, podemos medir a extensão e a intensidade. O número dos fiéis, o espaço recoberto pelos seus grupos, as suas formações mais ou menos compactas, a solidez da organização da Igreja: tudo isso nos dá uma primeira ideia, já suficientemente expressiva, da actividade confessional. Os mesmos caracteres, observados no corpo político, mostram-nos qual é a sua coesão, até que ponto os direitos e os deveres dos cidadãos são, por todo esse corpo, reconhecidos, afirmados, impostos, e que espírito comum circula através de todo o território, ou anima e mantém as grandes funções públicas. Finalmente, na vida económica, observemos a grandeza das empresas, a extensão, a importância numérica e a distribuição das classes sociais: saberemos como são organizadas a produção e a distribuição das riquezas no interior da sociedade. Em cada domínio particular, a actividade social edifica, assim, estruturas sobre as quais se apoia, como sobre um sistema de hábitos bem coordenados. Essas formas da sociedade exprimem, realmente, o seu espírito. Resultam das suas tendências, das reflexões dos seus legisladores e também das suas experiências. É nelas que se descobre mais claramente o mecanismo da sua actividade.

Mas elas não exprimem somente o seu espírito: contribuem, também, para o modificar. Na maior parte dos casos, um legislador não prevê quais serão os efeitos longínquos de uma organização jurídica. Especialmente quando se transformam as condições em vista das quais ela foi criada, torna-se um obstáculo a uma nova adaptação. Sucede o mesmo noutros domínios da vida social. Lembremo-nos das máquinas que, criadas para poupar esforço ao homem, foram o ponto de partida de uma organização industrial que emprega mais operários e lhes impõe maiores esforços. A extensão de uma região económica, de um grupo religioso, pode provocar no regime de produção ou de distribuição, na própria fé religiosa, profundas modificações, contrárias às intenções dos seus autores. Uma legislação que tem por objecto entravar e canalizar um movimento social, pode servir, pelo contrário, para o reforçar e para lhe dar um novo impulso.

Mas aqui, devíamos, então, introduzir uma distinção essencial. Um grande número dessas modificações no aspecto material dos grupos só actuam sobre a própria função que as produziu, e conservam-se encerradas num campo limitado da vida social: por exemplo, em muitos casos, a extensão no espaço de um grupo religioso ou nacional, ou a modificação das divisões nele feitas, só têm efeito sobre o espírito e as maneiras de proceder confessionais ou políticas. Quando uma forma económica ganha terreno, quando muitos operários e camponeses passam para a classe dos operários da grande indústria, a sua actividade torna-se mais mecânica, mais especializada, o seu rendimento intensifica-se, os seus proventos aumentam ou diminuem: a estrutura desses grupos modifica-se efectivamente, mas apenas no domínio da produção ou da distribuição das riquezas.

Além dessas modificações, há outras que, apesar de produzidas em quadros distintos da vida social, são, no entanto, da mesma natureza, e constituem um único todo, por cima das barreiras que separam os fenómenos religiosos dos fenómenos económicos, etc. Penetramos, aqui, no domínio dos estados e movimentos de população, que são estudados pela morfologia social *stricto sensu*, e que estão, para os fenómenos sociais mais especiais, na mesma relação em que, por exemplo, o aumento do corpo, o número e a renovação das células e a deslocação de algumas delas – dos glóbulos do sangue –, através de todo o organismo, estariam em relação com o funcionamento de cada órgão tomado separadamente. Com efeito, cada função parcial produz mudanças na estrutura e no volume do grupo correspondente, que ultrapassam os limites da própria função e se ligam às mudanças de estrutura e de volume de todo o corpo social.

Reunião de multidões em lugares consagrados, à volta dos centros políticos, ou dos estabelecimentos da grande indústria, e todas as diversas espécies de deslocações de grupos e de migrações: é sempre possível descrever fenómenos deste género em termos puramente demográficos, sem ter em conta o quadro limitado em que eles apareceram.

Uma deslocação de massas, um acréscimo de natalidade, um aumento dos óbitos, ou, ainda, um modo de agrupamento no solo, podem provir de circunstâncias muito diversas: natureza física dos lugares, ambiente moral e religioso, transformação industrial, etc. Mas, sejam quais forem ou tenham sido essas circunstâncias, os estados e movimentos demográficos assim produzidos não deixam, por isso, de ter a mesma natureza e os mesmos caracteres: são fenómenos de população.

O facto do aumento dos óbitos resultar do ascetismo e da indiferença pela higiene, que se encontram em certas seitas, ou provir de um regime político que expõe a guerras frequentes, que mantém um grande número de habitantes em estado de escravidão, ou de servidão, ou, ainda, que as mortes se multipliquem em período de crise e de desemprego – trata-se, sempre, apenas de uma mudança na percentagem de mortalidade de uma população caracterizada de uma certa maneira, mas sempre demograficamente, quanto aos nascimentos, quanto aos casamentos, quanto à extensão e ao modo de agrupamento. Portanto, há, efectivamente, ao lado dos diversos estudos morfológicos que se referem aos órgãos correspondentes às grandes funções do corpo social, uma morfologia da população em geral, considerada em si mesma. É dela que vamos agora falar.

SEGUNDA PARTE

A MORFOLOGIA SOCIAL «STRICTO SENSU» OU A CIÊNCIA DA POPULAÇÃO

PRIMEIRA SECÇÃO
AS CONDIÇÕES ESPACIAIS

Capítulo I

A População da Terra e dos Continentes

O objecto da morfologia social *stricto sensu* é a população em si mesma, distinta dos outros grupos, família, Estado, Igreja, empresa industrial, apesar de eles serem, é certo, formados por elementos da população; é a população, no seu conjunto e nas suas partes, com as suas formas e a sua estrutura, que só se explicam pela sua natureza especial. É a ela que chegamos por fim, quando estudamos as morfologias especiais. Por conseguinte, há fenómenos de população que podemos separar de tudo o resto e relacionar uns com os outros sem sair do domínio que eles constituem.

Esse domínio é vasto. Nele distinguiremos duas partes, que correspondem a dois pontos de vista diferentes e complementares sobre os estados e movimentos de população, e, sobretudo, sobre as representações colectivas que lhes estão ligadas.

Dissemos que qualquer grupo social está em contacto com o espaço, que até nele tem o seu lugar: não pode, de outro modo, ter forma, nem exercer as suas funções. Por maioria de razões, isto é exacto quanto às populações humanas, visto que a sua função característica parece ser instalar-se sobre o solo, que ocupam numa extensão maior ou menor. Espalham-se largamente por ele, ou apertam-se num pequeno espaço. Distribuem-se nele sob a forma de massas concentradas, ou disseminam-se por todo ele. Deslocam-se por movimentos mais ou menos rápidos e mais ou menos amplos. Mas, ao mesmo tempo, a população também se solidifica, transforma-se em matéria ao descer ao mundo da matéria, ou melhor, toma consciência de ter uma grandeza e uma massa, de se apresentar exteriormente sob o aspecto e com a consistência de um corpo físico. É desse modo que os batalhões de um exército, no campo de manobras, podem comparar-se às pedras do xadrez, que uma tribo em marcha é como uma nuvem impelida pelo vento, e que a multidão reunida numa praça lembra metal fundido numa «urna demasiadamente cheia».

Mas, por outro lado, uma população é formada por elementos que são seres vivos. A reunião de um grande número de organismos justapostos não é, necessariamente, também um organismo. No entanto, quando esses seres se associam de forma duradoura, quando, em cada agregado desse género, há partes que morrem, que são substituídas por outras produzidas por fecundação e gestação, pode realmente dizer-se que a população apresenta caracteres que a fazem parecer-se com um corpo vivo. Na realidade, ela só existe e funciona sob a condição de se tomar, não somente corpo físico, mas corpo orgânico, que nasce, cresce ou decresce, se reproduz ou se reduz até desaparecer, sob a condição, sobretudo, de tomar consciência desse corpo e dessas funções orgânicas, porquanto, como veremos, não se limita a suportá-las, mas dirige-as também, amolda-as e fiscaliza-as.

Temos, por conseguinte, dois aspectos sucessivos: a população no espaço, sobre o solo; a população no mundo da vida, submetida às forças biológicas, que determinam aquilo que, em demografia, se chama o seu movimento natural. – Estudaremos, antes de mais nada, o primeiro. É a ordem que segue um naturalista que, em presença de animais, observa a sua aparência exterior, os lugares que ocupam, a sua distribuição no espaço, as suas deslocações, que resultam, em grande parte, das suas relações entre si e com outras espécies, e só em seguida aborda o exame das suas funções internas, da renovação dos seus tecidos, da sua evolução orgânica, supondo, então, cada um deles isolado.

Os sociólogos consideram que os homens não são apenas indivíduos distintos, mas que formam grupos, e que o grupo é a verdadeira unidade humana. Mais ainda, esses mesmos grupos não são independentes uns dos outros, mas tendem cada vez mais a constituir, pela sua aproximação, uma unidade mais vasta: a população da Terra. – Estaremos em face de uma construção do espírito? É evidente que, durante muito tempo, muitos desses grupos viveram separados uns dos outros, e ignorando-se mutuamente. Ainda hoje, há muitas tribos de selvagens e comunidades de camponeses cujo horizonte não vai além dos limites do seu *habitat*. Todavia os homens não são como feras ou plantas. O próprio impulso que os leva a sair deles, e a imaginar o seu lugar numa sociedade limitada, alarga, também, o seu pensamento para lá desse grupo. Houve sempre contactos, mais ou menos temporários, entre as diversas tribos e, de uma em uma, essas relações puderam cobrir extensas porções de Terra.

Já nos tempos de Heródoto, aquilo a que se chama o mundo conhecido dos antigos se apresentava como um conjunto muito vasto, de que todas as partes agiam e reagiam umas sobre as outras. Mais tarde, as expedições armadas, as invasões, determinaram abalos rapidamente propagados até muito longe. Os irmãos Kulischer, numa obra recente, mostraram quais os movimentos longínquos de povos, à volta do Mediterrâneo, através da Pérsia, da Arábia, do Turquestão, da China, da Sibéria e dos países Bálticos, que influíram nos acontecimentos da Europa Ocidental, nos últimos quinze séculos. Por outro lado, as permutas económicas sempre puseram em contacto regiões muito afastadas. Por meio de elas, pelos negociantes, se transmitem através do mundo noções sobre a existência, pelo menos, de povos que estão separados por imensas distâncias. Acrescentemos, finalmente, os progressos da geografia: as narrações de viajantes permitem não só a correcção das cartas, mas completá-las, inscrever nelas nomes de povos, e até de cidades, em regiões que estavam vazias, e convencem-nos, cada vez mais, que quase todas as regiões habitáveis da Terra são habitadas. Toma-se, desta maneira, o hábito de pensar na população da Terra, e de a imaginar como um todo, visto que todos os grupos dos seus habitantes parecem poder ser postos em contacto.

A população da Terra não é, portanto, apenas uma expressão aritmética. Constitui uma massa contínua estendida sobre o solo, animada de movimentos internos, e na qual circula uma vida comum. O facto de, em certos pontos, se encontrarem lacunas, de ela se adelgaçar ou tornar mais espessa, não faz com que deixe de ser um ente colectivo, que deve ser encarado no seu conjunto.

Só a partir dos séculos XVII e XVIII é que, num certo número de países, na Alemanha, na Inglaterra, na França e na Itália, surgiu a preocupação de efectuar recenseamentos exactos da população. Primeiro de forma indirecta, contando o número de casas ou de fogos, que, em seguida, era multiplicado pelo número presumido dos habitantes que compunham uma família, ou ainda, por meio dos registos de nascimentos e de óbitos. Durante muito tempo, considerou-se impossível apurar, realmente, por enumeração completa, todos os habitantes de um território. É no século XIX que, progressivamente, na maior parte dos países civilizados, se introduziu o hábito de fazer recenseamentos oficiais, preenchendo cada habitante, na medida do possível, um boletim individual, sendo todos os boletins reunidos por uma administração central. Mas, ainda hoje, em continentes como a África e a Ásia, subsistem muitas lacunas a este respeito.

Será, no entanto, impossível obter, pelo menos, uma ideia aproximada do movimento da população mundial, de há dois ou três séculos para cá? Reportemo-nos a um estudo recente do americano Willcox: Nele encontraremos duas coisas. Primeiro, uma lista detalhada de todos os cálculos, quanto ao número de habitantes da Terra, que foram apresentados por autores qualificados, desde os meados do século XVIII até hoje. Na falta de estatísticas, ou com estatísticas muito insuficientes, os homens não se resignaram a ignorar inteiramente qual era ou qual parecia ser o número de seres humanos existentes no nosso planeta. Cinco estimativas para quatro anos diferentes, de 1650 a 1700, dezasseis para quinze anos diferentes durante o século XVIII, 45 de 1800 a 1850, 60 de 1850 a 1900, e 39 de 1900 a 1930. Todas elas têm um certo interesse. Primeiro, porque algumas fizeram autoridade. Nos meios dos sábios, dos geógrafos, dos homens cultos, foram muitas vezes reproduzidas. Por outro lado, não parecem, salvo algumas excepções, inteiramente arbitrárias. Resumem os conhecimentos do tempo: observações parciais, feitas directamente, e completadas pelas impressões e constatações dos viajantes e exploradores.

Mas o nosso autor americano criticou-as e rectificou-as (é o segundo ensinamento que nos fornece esse estudo), apoiando-se sobre o que os contemporâneos não conheceram, sobre a comparação e a aproximação de fontes estrangeiras, remontando a épocas antigas que, então, não puderam ser atingidas, mas que hoje encontramos e traduzimos e, sobretudo, sobre a evolução ulterior, cada vez mais bem seguida à medida que nos aproximamos da nossa época, extrapolando para trás, remontando do presente para o passado. À custa de hipóteses, sem dúvida, admitindo uma regularidade de desenvolvimento, ainda mais incerta por se tratar de períodos mais antigos. Mas procurando obter a verdade por meio de ajustamentos, e adoptando sempre a solução mais moderada e mais verosímil.

É assim que, sem dúvida pela primeira vez, se pode tentar medir, num período de perto de três séculos (pouco menos de um sexto, o último sexto do tempo decorrido na era cristã) um fenómeno tão amplo, e de consequências tão grandes para a espécie humana, como o aumento da população, em toda a Terra e em cada um dos continentes. É claro que o número da população pura e simples é um dado abstracto e bastante reduzido. Mas o primeiro problema que se apresenta à morfologia social é, precisamente, o de determinar a extensão e o volume da massa humana e a rapidez com que ela aumenta. Pense-se na revolução que se produziu nas nossas ideias acerca do mundo material no dia em que foi possível medir o mundo planetário, medir a distância que separa a nossa Terra dos corpos celestes, enumerar as estrelas visíveis. Foi sobre essa base que se edificou toda a ciência astronómica. Da mesma forma, a população é o quadro mais geral em que devem ser englobados todos os fenómenos sociais. Visto que as correntes que circulam nesse grande corpo são condicionadas pela sua extensão, é ela o primeiro capítulo, e, em todo o caso, um capítulo essencial, da ciência social.

«Contar», dizia o escritor inglês Samuel Johnson, no século XVIII, «é uma prática moderna. O método antigo, era imaginar, conjecturar. Mas, nesse caso, como evitar os exageros?» Da Antiguidade não chegou até nós nenhuma indicação numérica exacta sobre a população de um país ou de uma cidade. No entanto, durante a Renascença, quando se reabriram as obras clássicas gregas e romanas, os números que elas davam para a população das cidades antigas foram aceites sem discussão. Viu--se, então, que a população de Roma parecia ter diminuído de 70 para 1, que outras partes do mundo mediterrâneo, a aceitarem-se os números da Antiguidade, se tinham despovoado na mesma proporção. Isso deu origem à ideia de que a população da Terra tinha diminuído, enormemente durante os quinze séculos precedentes (de 10 para 1, dirá ainda Montesquieu, nas suas *Lettres Persanes*).

No século XVII, se pusermos de parte os cálculos puramente arbitrários (que vão de 4000 a 60 milhões para toda a Terra), devemos aproveitar o do jesuíta Riccioli, que se apoiou nas melhores fontes à sua disposição. Riccioli calculava em 1000 milhões o número de habitantes da Terra. Apesar de se tratar de um número redondo, tinha, na realidade, sido obtido pela adição das populações dos diversos continentes. À Europa, atribuía 100 milhões de habitantes, e o que parece indicar que não se enganava muito é que, nos nossos dias, o alemão Julius Beloch, procedendo por um método totalmente diferente, estudando, primeiro, a população do mundo mediterrâneo antigo, medieval e moderno, chegou (para o começo do século XVII) ao mesmo resultado. Riccioli julgava que, na China, havia 200 milhões de habitantes. Número muito exagerado (obtivera-o do padre Martini). 70 milhões no máximo, é o que, hoje, encontra Willcox, segundo cinco autores contemporâneos especializados nos estudos chineses. Para toda a Ásia, em vez dos 500 milhões de Riccioli, somente metade, 250 milhões. Para a África, pode aceitar-se, à falta de melhor, o cálculo por ele feito, em 1650: 100 milhões (tanto como a Europa). Mas exagera demasiado ao contar 200 milhões de habitantes à América. Por diversos métodos, os americanistas do nosso tempo atribuem à América, nos meados do século XVIII, uma população de 13 milhões (1 milhão apenas no actual território dos Estados Unidos e do Canadá). – Temos, assim, para o mundo, nessa época, 450 milhões em vez de 1000. – O cálculo de Riccioli, 1000 milhões, voltará a ser feito no século XVIII, pelo grande estatístico Süssmilch. E, no entanto, só a meio do século XIX, que a população se eleva a esse nível: e terá, então, quase dobrado a partir dos meados do século XVII. Mas, em todo esse período, pode dizer-se que essa duplicação se produziu sem ser notada. – Na realidade, antes do século XIX, a Terra devia ser muito menos povoada do que se pensava.

Aceitemos, por agora, os cálculos globais retrospectivos dos modernos. Achamos, para toda a Terra, os seguintes números:

Anos	Números absolutas	Números relativos
1650	456 milhões	100
1750	660 milhões ([2])	142
1800	836 milhões	180
1850	1098 milhões	237
1900	1551 milhões	340
1929	1820 milhões	395

Na sua totalidade, a população mundial deve ter quase quadruplicado em menos de três séculos. Observemos agora que, até 1900, o crescimento foi sempre aumentando de rapidez. Primeiro período de duplicação: de 1650 a 1825, ou seja 175 anos. Segunda duplicação, de 1800, aproximadamente, até 1910, ou seja 100 anos. Mas, de há meio século para cá, a percentagem do aumento tende a estabilizar-se. Foi mais rápido de 1850 a 1900. Depois, deu-se uma espécie de retardamento.

Vejamos o caso em cada um dos diversos continentes. A Europa é o único em que a percentagem de aumento não cessou de crescer. Duplicação de 1650 a 1805, em 155 anos; duplicação de 1805 a 1900, em 95 anos; duplicação de 1850 a 1930, em 80 anos. – Sob este ponto de vista, a Europa contrasta vivamente com a Ásia, cuja percentagem de aumento é mais ou menos idêntica desde o século XVII: duplicação em 140 anos; outra duplicação em 140 anos.

Os Estados Unidos apresentam a particularidade de acusarem uma diminuição, aliás pequena, da população, no período em que os brancos substituem os indígenas, mas não são ainda em grande número, seguida de um aumento considerável durante os dois últimos séculos: duplicação de 1760 a 1800 (em 40 anos), duplicação de 1800 a 1840, mais do que triplicação de 1840 a 1900 (em 60 anos): mas, a percentagem de aumento diminuiu quase para metade, de 1900 para 1938. Na América

---

[2] Voltaire fala em 700 milhões.

do Sul, tão pouco povoada como a América do Norte foi outrora, até ao fim do século XVIII, a população mais que duplicou de 1800 a 1850, e mais que quadruplicou de 1850 a 1932: teve um atraso de 50 anos em comparação com a América do Norte. Nestas condições, a Europa ocuparia, a este respeito, uma situação intermédia entre a Ásia e a América, com uma percentagem de aumento mais elevada que a primeira e menos elevada que a segunda.

Consideremos, no entanto, como se distribuiu a população da Terra entre os continentes. Nos séculos XVII e XVIII, podia dizer-se, de um modo geral, que a Europa compreendia um quinto da população humana, a África igualmente um quinto, e a Ásia mais de metade (a América representava só 2 ou 3%). Actualmente [finais dos anos 30], metade da população vive ainda na Ásia (que não representa uma terça parte da superfície habitável): é ela, sempre, o maior reservatório de homens. A Europa aumentou fortemente a sua parte relativa: perto de três décimos da população, quando não ocupa um décimo da superfície habitável. Se admitirmos que a população da África se conserva mais ou menos estacionária há três séculos, o continente negro verá baixar de um quinto para uns treze avos a sua parte relativa do total. Quanto à população da América, aumentou muito, mas não representa ainda, no fim de contas, mais de um oitavo da população mundial, ao passo que a superfície do Novo Mundo representa mais de um quarto do mundo habitável. Mais de três quartos, perto de 80% da população da Terra, concentra-se, portanto, actualmente, na Europa e na Ásia, em vez dos 75% do século XVII. É, principalmente, à Europa, que se deve este aumento relativo.

Estes cálculos de Willcox, obtidos por crítica dos dados antigos, foram criticados por seu turno.

Kuczynski observa que os países de que conhecemos o número de habitantes com uma aproximação de 10%, só ainda compreendem três quintos da população da Terra (em lugar, é verdade, de um quinto, há cem anos). Especialmente na China, os cálculos oscilam entre 325 e 525 milhões e, para a Ásia, entre 960 e 1260 milhões. Mas, mesmo tomando o mais baixo destes números, a Ásia ainda conteria metade da população da Terra. Quanto à América do Norte, sabe-se, com absoluta certeza, que a sua população passou, em cem anos, de perto de 30 milhões, para um número compreendido entre 250 e 280 milhões. Quanto aos números globais por continentes, podemos, portanto, assentar nas proporções que já indicámos.

Que conclusões tirar, agora, desses factos? Sem dúvida, no decorrer destes três séculos, houve grandes modificações, quanto ao volume total da população e às partes do espaço por ela ocupadas. A população aumentou mais de quatro vezes. Estende-se, hoje, por vastíssimas regiões do mundo habitável, em lugares onde, dantes, só havia tribos raras e disseminadas. Esse movimento de aumento e de extensão desenvolveu-se, pelo menos até 1900, num ritmo acelerado. Agrada-nos, geralmente, insistir na amplitude desses movimentos, como se a vaga humana, cada vez mais forte, tivesse rompido os diques que a retinham e se estendesse cada vez para mais longe, como se uma inundação, cobrindo inteiramente uma planície, tivesse feito desaparecer, sob uma toalha de água contínua, os lagos e os cursos de água que anteriormente nela se distinguiam. Todavia, depois de termos comparado a população por continentes, no passado, com a de hoje, o que talvez nos impressione mais é o facto desse aumento considerável ter podido produzir-se sem que a importância relativa das massas que povoam as diversas partes da Terra, isto é, sem que as suas proporções tenham sido seriamente modificadas: é, portanto, sobretudo a estranha estabilidade do todo, na sua estrutura e nas suas proporções, o que mais nos impressiona.

Mais de três quartas partes da população ainda vivem na Europa e na Ásia, no velho mundo. A América só representa um oitavo. A Australásia e a Polinésia (quer dizer, quase toda a

Oceânia), meio por cento. É no interior do grupo Europa-Ásia que as mudanças são mais sensíveis. Mas a Ásia continua a ter metade da população humana: 52% em 1929, em vez de 54% em 1650. Medindo as diversas partes de um corpo humano, a cabeça, o tórax, o abdómen, os membros, na criança e no adulto, encontram-se modificações relativas mais consideráveis ([3]).

Este facto é de uma importância capital, para quem aborda a morfologia social. A população humana não se comporta, portanto, como uma massa de poeira inerte cujas partes fossem arrastadas pelo vento para todos os lados como uma massa líquida que se espalhasse por um vasto espaço, ou mesmo como tantas espécies vegetais ou animais que criaram raízes e se multiplicaram em toda a parte onde o solo apresentava condições favoráveis ao seu desenvolvimento. Tudo, pelo contrário, se passa como se a massa dos homens tivesse uma estrutura definida, estável e relativamente imóvel, que cresce no seu lugar e só lentamente sai do seu quadro, e em circunstâncias inteiramente excepcionais. É prisioneira da sua forma num grau muito diferente do dos outros conjuntos de organismos.

Qual é a razão dessa forte estabilidade? Há já muito que se invoca a influência das condições físicas e seria absurdo não a tomar em consideração. Os desertos, as cadeias de montanhas, os vastos mares, são obstáculos que detiveram, com frequência, as deslocações dos homens. As terras mais férteis, as planícies que se estendem a uma altitude moderada, com condições de clima favoráveis, têm probabilidades de ser povoadas em primeiro lugar. Mas este género de explicação é demasiadamente

---

(3) Charles B. Davenport em: *Inheritance of stature* (reimpressão de *Genetics*, Julho, 1917), mostrou, por meio de diversos diagramas, como variam a altura e a largura das diferentes partes do corpo, e a sua proporção com a largura e o comprimento de todo o corpo, nas diversas idades. Vê-se também que a altura do rosto representa, em relação à estatura (altura do corpo inteiro): um quarto ao nascer; um quinto aos dois anos; um sexto aos 7 anos; um sétimo aos 12 anos e um oitavo aos 20 anos. – Ver também: Apert, *Maladies des enfants*.

simples. Se o meio físico actua sobre o homem a este respeito, quer dizer, sobre a sua expansão, o homem, e especialmente as sociedades humanas, reagem também, e talvez ainda mais, sobre o solo.

Lucien Febvre, criticando o determinismo físico da escola da geografia humana, pelo menos de alguns dos seus representantes, observa: «Por toda a parte se encontram regiões aparentemente propícias ao estabelecimento dos homens, e, no entanto, desprezadas – ao passo que, também por toda a parte, há regiões desfavoráveis, que os homens ocupam, em que se agarram, por assim dizer, ao solo, à força de vontade e contra todas as probabilidades.» O Sudão, tão variado, tão fértil, é bastante pobre em população. As ricas planícies aluviais do vale do Mississipi só possuem ainda um povoamento medíocre e disperso. Quanto aos obstáculos naturais, nunca eles detiveram a marcha dos homens. Basta pensar nas correntes de invasão que, das regiões mais longínquas da Ásia, se propagaram até à Europa ocidental. As recentes descobertas dos etnógrafos revelam-nos que uma única zona de civilização ocupava outrora as duas costas, asiática e americana, do Pacífico, como se as invenções técnicas, os utensílios, as armas, a própria língua, tivessem sido propagadas, através das ilhas, por navegadores primitivos. – Ora, no nosso tempo, e de há um século para cá, meios de transporte aperfeiçoados facilitam cada vez mais as deslocações para longas distâncias, solicitadas pelo exemplo e por um sistema completo de informações rápidas e seguras. Não são, portanto, as condições físicas que se opõem à expansão dos grupos humanos.

Pareceria mais natural invocar as condições económicas, e também as circunstâncias nacionais. Na época do primeiro povoamento da Terra, sem dúvida a vida pastoril, a caça, a pesca, favoreceram as deslocações dos homens: os nómadas levavam com eles a sua tenda, e erguiam-na em lugares sempre novos. A agricultura fixou os homens à terra. Assim se explica talvez, que, durante longos séculos, a população tenha sido ainda mais sedentária que hoje. No entanto, o camponês deixou os seus campos para ir trabalhar na cidade. Mas se a indústria determinou verdadeiras migrações interiores, fixou, por sua vez, o homem perto da fábrica. As sociedades industriais, uma vez nascidas, retêm os seus membros. Ao mesmo tempo, constituíram-se núcleos nacionais que exercem um domínio muito forte sobre os que a eles pertencem, e que não têm a certeza de encontrar noutro sítio a mesma língua, os mesmos costumes, o mesmo género de vida. Hábitos económicos, hábitos nacionais: é o hábito, princípio de inércia, que consegue reter os homens nos lugares onde têm vivido até agora.

Mas o hábito não é um princípio. É um resultado. O homem obedece às forças sociais, e estas tanto podem incitá-lo a manter-se no estado em que se encontra, como a mudar. De uma maneira mais geral, a constituição económica de um grupo, como o seu carácter nacional, deveriam, aqui, considerar-se mais como efeitos que como causas. Se os homens formam grupos económicos estáveis, é porque estão distribuídos no espaço de uma certa maneira. A indústria, para se desenvolver segundo as suas formas modernas, supõe uma população chegada a um certo grau de aglomeração ou de concentração. As nações só se constituíram quando, entre províncias e, sobretudo, entre cidades bastante povoadas, se estabeleceram ligações constantes e duráveis, quando, no interior de uma população relativamente densa, puderam surgir representações colectivas bastante extensas.

Voltamos, portanto, às formas da população (volume, figura, densidade). Uma população toma, com o correr do tempo, consciência da sua estrutura, das suas relações com o meio físico, assim como com as populações vizinhas, encaradas, também, nas suas formas materiais. Cada grupo arranjou, pouco a pouco, o seu lugar entre os outros: está ligado a eles, mas é distinto de todos. Semelhante sentimento comum é uma força: resistência às mudanças de forma, por compressão e deslocação ou separação das partes. A divisão do trabalho e a ligação entre as profissões, numa região, constitui apenas um princípio de coesão, e mantém-se porque se estabelece no interior de um grupo que tem consciência de formar uma única população. O sentimento nacional resulta de uma espécie de reflexão confusa sobre um fenómeno que se produziu espontaneamente, que é o agrupamento continuado, durante gerações sucessivas, de famílias que se habituaram a viver lado a lado, no mesmo quadro regional. Os homens nascem e morrem nos mesmos lugares, casam-se entre si, as famílias que formam perpetuam-se no mesmo lugar. Imaginam-se a si próprios, colectivamente, como feitos da mesma substância. É este o princípio dessa estabilidade que nos apresenta a distribuição dos grupos sobre a Terra, e que é um dos aspectos mais característicos da população humana.

Essa força de resistência tem limites. No decorrer da história, muitos povos têm mudado de lugar e de *habitat*. Mas o que permitia ou facilitava essas transplantações, era o facto do povo se deslocar em conjunto, inteiro, e também o de não estar instalado no seu lugar anterior há muito tempo, de ter conquistado essa região pela força, e recuar diante de novos conquistadores. É provável que, noutros tempos, a população, muito mais pequena e menos densa, estivesse menos aglomerada e fosse menos estável, que a sua figura mudasse constantemente. Não acontece o mesmo com as populações sedentárias e pacíficas, que se desenvolveram no seu lugar, e se limitaram a tapar, pelo seu próprio crescimento, as lacunas que as separavam das outras e também as suas lacunas interiores. Com a indústria, esse aumento tomou um ritmo mais rápido. Mas é um fenómeno bastante notável, ter a população mundial mais que quadruplicado em menos de três séculos, e a população europeia quase quintuplicado, sem que a sua distribuição sobre a Terra tenha sofrido grandes modificações.

É certo que vastos continentes, como a América, se povoaram durante esse período, pela entrada de elementos europeus. E que, em razão das formas modernas da vida social, sobretudo económicas, existe em todos os países uma categoria de homens que estão mal integrados no todo, e são mantidos ou repelidos, de certo modo, para a superfície do grupo, no qual não chegam, realmente, a criar raízes. Essa população flutuante de camponeses pobres e, também, de operários industriais de menor categoria é que tem, principalmente, alimentado a imigração. Mas os países europeus e asiáticos só perderam, por essa forma, uma pequena parte da sua substância, que, por outro lado, não cessou de aumentar.

Semelhante estabilidade na distribuição dos grupos, apesar da atracção que sobre eles poderia exercer o espaço, a representação do espaço, e ainda outras causas, só se explica por uma outra representação colectiva, que os retêm no seu lugar, tanto mais forte, sem dúvida, quanto mais numerosa e mais densa é a população. Essa representação é, para cada grupo, a da sua forma material.

Capítulo II

A Densidade da População. As Grandes Cidades

Quer se trate da Terra inteira, de um continente ou de um país, não basta conhecer o número dos habitantes. Ainda é necessário saber qual a extensão do território em que eles estão distribuídos. É aquilo a que se chama a densidade da população. Geralmente, a densidade exprime-se calculando o número de habitantes por unidade de superfície (por quilómetro quadrado ou por milha quadrada), ou a extensão de superfície para cada habitante.

Na verdade, num mesmo país, pode haver regiões montanhosas ou de solo pouco próprio para a cultura, muito pouco povoadas, que se justapõem a outras onde existem grandes aglomerações industriais, de população muito densa. Então, a densidade quilométrica média não se verifica, de facto, em parte alguma do país para que foi calculada. Mas podem escolher-se regiões mais limitadas e relativamente homogéneas. É, por outro lado, possível completar as indicações fornecidas pela média, calculando os afastamentos dos dados parciais em relação a esta. Se os afastamentos são elevados, isso indica que, com efeito, há uma grande diversidade quanto às condições de povoamento. Nada impede, então, de fazer uma estimativa dessa mesma diversidade, pelo cálculo dos chamados dados de distribuição. Por exemplo, se enfileirarmos numa única linha, conforme a densidade quilométrica crescente, todas as circunscrições e até todos os cantões de um ou de vários departamentos, ou de todos os departamentos da França, qual é a densidade de população daquele que está no meio da linha, no primeiro ou no último quarto, no primeiro, no segundo, etc., ou no último décimo? É este o sentido das noções de termo médio, e semelhantes.

A densidade da população oferece-nos, assim, o meio de medir, por uma ou várias expressões simples, o grau de aproximação, não entre seres organizados, encarados apenas sob o ponto de vista biológico, mas entre homens que vivem em sociedade. Diferença capital entre o caso dos animais ou das plantas e o dos homens. Nas sociedades, os pensamentos dos homens, os seus sentimentos, as suas maneiras de agir, variam conforme as relações que eles mantêm entre si, se multiplicam e se intensificam. Em geral, à medida que a densidade social aumenta, as comunicações tornam-se mais fáceis. Em todo o caso, a aproximação dos homens, quando é grande, indica uma sociedade densa, e esta provoca, por sua vez, fenómenos de psicologia social bem caracterizados. Quando os homens se aproximam assim e vivem aglomerados, a mortalidade, a natalidade e a nupcialidade modificam-se, sendo diferentes na cidade e no campo. Acrescenta-se que, numa população mais densa, os movimentos de circulação são mais variados e mais rápidos, há mais migrações no interior do país e de nação para nação. Todos os fenómenos demográficos estão, portanto, em relação, sucessivamente, de causa para efeito, e de efeito para causa, com a densidade da população.

Tentemos representar *grosso modo* a densidade do povoamento humano à superfície da Terra. Limitamo-nos aos continentes e à superfície das ilhas. Ratzel chamava *œkoumène* ao conjunto do mundo habitado, no qual englobava também os mares onde, de tempos a tempos, passam navios: incluía nele também a zona quente, as duas zonas temperadas e uma parte da zona fria setentrional, ou sejam cinco sextos da população do globo. Mas reportemo-nos a um quadro da densidade por países. Veremos que as regiões de população relativamente densa (mais de 50 habitantes por km^2) são pouco numerosas e bastante limitadas: uma pequena parte da Europa, Grã-Bretanha, França, Espanha (excepto ao sul), Itália, Bélgica, Países-Baixos, Suíça, Alemanha, Áustria-Hungria, Dinamarca; depois a Índia; finalmente, parte da China e o Japão.

Temos, desta maneira, três núcleos distintos que, somados, não cobririam a Europa. Acrescentemos-lhes uma pequena extensão dos Estados Unidos (mais pequena que a França), na Costa Leste. Pelo contrário, vastas partes de continentes onde estão compreendidas essas zonas de forte densidade contêm menos de um habitante por km^2: o centro e toda a parte setentrional da Ásia, a região desértica do Norte da África, e a zona subtropical (muito menos extensa) ao sul do mesmo continente; todo o Centro da América do Sul, todo o Norte e uma parte do Centro-Oeste da América do Norte; a maior parte da Austrália, excepto uma estreita facha a leste. – Temos, portanto, zonas extremas, e nem uma zona onde a média do conjunto, ou seja cerca de 15 habitantes por km^2, efectivamente se encontre. Encontramos, na Europa (incluindo a União Soviética), 52 habitantes por km^2, somente metade na Ásia, uma oitava e uma nona parte na América, e uma décima parte na África.

Há, na Europa, um grupo de países contíguos, no qual a densidade é muito superior à média, Inglaterra e Gales, França, Bélgica, Países-Baixos, Alemanha, Dinamarca, Polónia, Checoslováquia, Áustria, Hungria e Itália: 128 habitantes, em média, por km^2, em vez dos 52 para toda a Europa. Este agregado compreende 23,7% da superfície do continente e 55% da sua população. A Rússia europeia, com uma densidade média de 26 habitantes por km² (64 na Ucrânia e 39 na Rússia branca) compreende 43,5% da superfície da Europa e 23% da sua população. Entre estes dois extremos, fica o resto: Países nórdicos, Portugal, Espanha, Roménia, Grécia, Jugoslávia, etc., mantém-se nas densidades médias: entre 40 e 60 habitantes por km², mas trata-se apenas de 22% da população europeia.

Nos Estados Unidos, a densidade média é de 15,7%, mais fraca que na Rússia: a média na maior parte do território, excepto nos Estados do Centro Atlântico, que, com 99 habitantes por km², se aproximam das condições observadas no primeiro grupo europeu.

Poderia julgar-se que estas diferenças tendem, contudo, a diminuir, que a densidade da população tende a uniformizar-se, pelo menos na Europa. Mas não é assim. Calculemos, primeiro, a média das densidades observadas em cada país europeu (afastando a antiga Rússia e a U.R.S.S. actual [do fim dos anos 30]), nos recenseamentos sucessivos. Verificaremos que ela aumentou, por uma forma bastante regular, no decorrer dos últimos 80 anos: 1850: 44,5 por km²; 1870: 50; 1890: 57; 1910: 66; 1930: 75. Mas essas médias são estabelecidas para países muito diversos e de extensão muito desigual.

Tentemos calcular uma expressão das divergências verificadas entre a densidade desses países e a média geral, isto é, a média dos afastamentos entre as densidades médias em cada país e essa densidade média para todos os países, tal qual ela é, e depois ponderada (para termos em conta a desigualdade das populações: multiplica-se o afastamento de cada país por um coeficiente igual à sua população, e divide-se o total desses produtos pela soma dos coeficientes).

Façamos, em seguida, a redução a 100 da densidade média em cada época, e vejamos qual é o afastamento médio.

DENSIDADE MÉDIA	AFASTAMENTO MÉDIO		Densidade média	Números relativos	
	Simples	Ponderado		AFASTAMENTO MÉDIO	
				Simples	Ponderado
1850	44,5	32	26,7	100	69,5	60
1870	50	33	29	100	66	58
1890	57	37	31	100	65	54,5
1910	60	49	41,5	100	74,5	63
1930	75	52,7	45	100	70	60

Vê-se (através das duas últimas colunas da direita, mas, sobretudo, da última) que se as divergências diminuíram, aliás com bastante lentidão, de 1850 a 1890, voltaram, em 1930, a ser exactamente as mesmas que em 1850. Isso é ainda mais notável por, neste período de 80 anos, a densidade média ter aumentado em mais de metade e de, por outro lado, já não serem os mesmos países que apresentam as mais fracas e as mais fortes densidades. Parece que, até perto de 1890, a população teve tendência para se expandir por uma forma mais uniforme, mas que, ultimamente, intervieram novos factores, que tendem a concentrá-la, e a concentrá-la mais em certos países que em outros.

A densidade da população não passa, com efeito, mesmo sob o ponto de vista estético, de uma expressão incompleta da maneira dos homens se distribuírem sobre o solo. Uma determinada população, vivendo num certo território, pode estar aglomerada ou dispersa. Há, por outro lado, diversas formas de aglomeração. – Distingamos primeiro, de um modo geral, a cidade e o campo. Em França, chama-se rural à população das comunas que contém menos de 2000 habitantes. Ora, há coisa de um século, em 1846, a população rural, assim definida, compreendia três quartos de população total (75,5%), e hoje (1931) é menos de metade (48,8%). Mudança, evidentemente, considerável. Mas o que significa esse aumento de população urbana? As pequenas e as médias cidades, ter-se-ão multiplicado, sem aumentarem muito as suas dimensões? Nesse caso, a transformação no modo do agrupamento teria sido muito limitada, visto que entre uma pequena cidade, uma vila grande ou uma aldeia enorme, a diferença, sob este aspecto, é pouco sensível. Ou terão essas deslocações de homens aproveitado, principalmente, às grandes, às muito grandes cidades?

De facto, a população das cidades de mais de 100 000 habitantes, de 1800 até hoje, passou, em França, de 800 000 para 7 milhões; na Inglaterra, de 1 para 18 milhões; na Alemanha, de 300 000 para 20 milhões. Nos países novos, abrange uma importante fracção da população. Na Austrália, por exemplo, metade dos habitantes está concentrada em sete cidades, e um terço só nas aglomerações de Sydney e de Melbourne (Sydney: 1 235 000 habitantes em 1930). É assim que se contam actualmente [finais de anos 30], no mundo inteiro, 31 cidades com mais de 1 milhão de habitantes.

Mas o fenómeno mais notável, é o aparecimento de cidades gigantes. Em todo o globo, há [em 1938] oito cidades com mais de 3 milhões: Nova Iorque (perto de 7 milhões); Tóquio (5 milhões e meio: Greater Tokio); Paris, com os seus arrabaldes, ultrapassa mesmo esse número; Londres e Berlim (4 200 000); Moscovo (3 600 000); Xangai e Chicago (3 300 000). Leninegrado só se aproxima dos 3 milhões. De 3 milhões, desce-se a 1 milhão, quase sem transição (só duas cidades, Viena e Filadélfia, ocupam o intervalo). Visivelmente, essas cidades colossos, metrópoles cosmopolitas, constituem como que uma espécie nova, sem analogia nas formas anteriores. No total das que contam mais de 3 milhões, não encontramos mais de 40 milhões de habitantes: a população actual da França. Mas, pelas novas instituições e costumes que nelas se elaboram, essas cidades exercem uma acção extremamente forte sobre os outros aglomerados urbanos, e até sobre a civilização rural.

Essas novas formações urbanas transformaram as condições de vida em todos os campos da actividade social. Poderíamos, por isso, estudá-las sob várias das rubricas precedentes: morfologia religiosa, política, económica.

Religiosa em primeiro lugar. Na Antiguidade, muitas cidades formaram-se e desenvolveram-se à volta de templos, e a própria localização da cidade, os seus limites, as suas muralhas e as suas principais divisões, eram consagradas. Mas, se são conhecidas algumas onde se puderam observar grandes aglomerações humanas, por ocasião de cerimónias, de jogos, de festas, e do culto em geral, isso sucedia sempre de forma temporária, por vezes periódica. Em Delfos, em Olímpia, em Corinto. Para lá iam os homens em procissões, em deputações, de todas as regiões da Grécia, e depois regressavam às suas terras. Delos, sede de uma confederação política entre os Gregos, era, também, o ponto de encontro entre os mercadores vindos do Oriente e do Ocidente. Era por isso que nela existiam, ao mesmo tempo, uma sinagoga, um templo egípcio e edifícios consagrados pelos Italianos às suas divindades: a religião parece, no entanto, ter lá estado subordinada a outros interesses. De resto, na Grécia, e sobretudo em Roma, o aspecto político e o religioso andavam estreitamente confundidos: na pessoa dos magistrados, e também nos colégios de sacerdotes, que eram consultados e que formulavam os oráculos. À medida que os grupos confessionais adquiriam maior amplitude, especialmente no mundo cristão, os centros da actividade religiosa parecem ter-se multiplicado, mas também diferenciado. Santuários, lugares consagrados, lugares santos onde, em certas datas, afluem as multidões (como outrora); mas também, o que é, talvez, novo, lugares onde residem os altos dignitários, e todo o pessoal destinado não só à celebração do culto, mas também à administração do clero, à manutenção das ligações e conexões com todas as partes do universo religioso. É claro que, numa sociedade exclusivamente composta de fiéis, qualquer cidade é, ao mesmo tempo, uma e outra coisa: está sob a invocação religiosa, e é, também, o centro do clero local. Mas, sobretudo nas cidades maiores, cria-se um ambiente e como que uma atmosfera eclesiástica especial, semelhante de umas cidades para outras, internacional, que contribui para manter a unidade de toda a igreja. Lá também, ao contacto dos poderes públicos, das mais altas camadas do mundo social, em ligação com ele, o clero adquire uma autoridade e um prestígio maiores. Era esta, no mundo religioso de então, a função das cidades, e das grandes cidades.

Todavia, à medida que a população aumenta e se concentra mais, os centros religiosos adaptam-se mais à nova estrutura, do que contribuem para a constituir. A igreja nacionaliza-se, sobretudo sob a influência dos meios urbanos. Despoja-se, progressivamente, das suas atribuições temporais, às quais correspondem outros órgãos na própria cidade. Sem dúvida, no interior da aglomeração urbana, ela conserva sempre um domínio próprio: os lugares do culto, a catedral e as suas dependências, os edifícios e espaços conventuais, os hospícios. Mas o resto da cidade laiciza-se cada vez mais. Sobretudo as correntes de população do campo para a cidade, que aumentam esta, escapam à sua vigilância: ela não as alimenta, nem as aconselha. Dentro em breve, o quadro urbano primitivo, que tinha a sua marca, desaparece no meio das aglomerações cada vez mais extensas e movediças. A organização religiosa subsiste, é certo, mesmo nas maiores cidades. Pelo menos a partir de 1622, data em que foi erigida em arcebispado, há uma Paris religiosa que, tanto pelo número e pelo prestígio, aos olhos dos fiéis, dos seus edifícios, igrejas, conventos, escolas, etc., como pela massa dos seus membros, continua a representar, efectivamente, o centro e o órgão director da vida religiosa em França. Mas tudo se passa como se a cidade religiosa houvesse diminuído e se encolhesse sobre si própria, em certos bairros que conservam, nas ruas e nas casas, o aspecto das pequenas cidades de outrora, mais recolhidas e menos ruidosas, como se esses mesmos bairros não passassem, na grande cidade moderna, dos prolongamentos do campo e dos meios urbanos em contacto com o campo: estruturas sociais, modos de estabelecimentos humanos solidários com as antigas crenças. A igreja procura, no entanto, adaptar-se às grandes cidades, cria patronatos, grupos operários, participa na vida social dos arrabaldes: novos métodos de actividade e de propaganda, que reagem sobre o seu espírito e as suas próprias instituições. Mas ela própria não se reconhece, não reconhece a sua figura em aglomerações que se desenvolveram sob uma impulsão diversa da sua.

Sobre a cidade, como órgão da vida política, faríamos observações do mesmo género. Foi como tais que se constituíram, por oposição ao campo, as comunas, no fim da Idade Média. O burguês, o habitante do burgo: a sua situação estava definida por um estatuto, pelo gozo de certos direitos e privilégios locais; participava no governo da cidade, quer como membro das assembleias, quer elegendo os conselheiros, os magistrados; fazia parte da milícia. A cidade, considerada em si mesma, estava dividida em bairros, que eram outras tantas unidades administrativas, com vida própria. Envolvia-se em muralhas, e, em todo o caso, fixava os seus limites. Encerrado no quadro primitivamente fixado, solidário com a sua forma, semelhante organismo político devia tender a conservá-la exactamente assim, nas suas dimensões restritas, excluindo as pessoas de fora. Uma diferenciação veio, no entanto, a fazer-se bem cedo entre essas cidades de tipo antigo, com quadros de administração comunal, e outras, mais extensas, de estrutura mais complexa, que correspondiam a uma nova organização política, provincial, com os parlamentos, as residências dos governadores, dos intendentes, os grandes estabelecimentos militares; depois nacional: as capitais dos Estados, nas quais se encontram reunidos e justapostos os palácios e cortes dos reis, dos príncipes, dos altos dignitários, os tribunais superiores, os ministérios, as sedes de todas as grandes administrações, mais tarde as assembleias legislativas, e um grupo, maior do que em qualquer outra parte, de funcionários. São estruturas urbanas renovadas, que correspondem às necessidades de uma vida política mais centralizada, com mais vastas perspectivas; surgem, quase ao mesmo tempo, de um extremo ao outro da Europa, com características semelhantes, como se nelas circulasse um espírito comum, criado pelas visitas dos diplomatas, dos príncipes e dignitários estrangeiros. Improvisações artificiais com frequência, mas, em todo o caso, último esforço da política para moldar à sua imagem o espaço habitado pelos homens: a Paris de Luís XIV, de Luís XV, de Napoleão, e as suas diferentes cópias no estrangeiro. Mas, esses planos, ambiciosos para então, muitas vezes inacabados, com dificuldade se reconhecerão em estruturas ainda mais vastas, que terão uma outra origem e outros fins. A cidade política, governamental, administrativa, existe, efectivamente, nas grandes metrópoles modernas. Mas é apenas um aspecto que é preciso procurar nelas. Ou se isolou, num bairro, como um órgão limitado num corpo mais vasto. Ou os seus membros encontram-se dispersos por toda ela: imagem da própria política, arrastada e recoberta por outras correntes. – Em todas estas fases, o pensamento político recebeu a impressão dessas formas urbanas sucessivas, com as quais se confundiu intimamente. A história de uma cidade e das suas transformações, das suas ruas, das suas casas, da sua população, pode ser escrita debaixo deste único ponto de vista: ajudaria a compreender a história dos governos e dos regimes.

Há, finalmente, uma cidade económica. Para justificar a sua existência, bastaria a necessidade de satisfazer as necessidades indispensáveis ou de luxo dos elementos políticos ou religiosos que constituem as primeiras cidades. Depois da economia doméstica, de castelo, de abadia, de aldeia, vem a economia dos pequenos burgos em relações, sobretudo, com o campo, ou de cidades de artífices, de dimensões médias, com permutas interurbanas. Ao lado da praça do município, da praça da igreja, há, confundindo-se, por vezes, com uma ou outra, a praça do mercado, os diversos mercados, para onde conduzem as grandes ruas comerciais; as ruas de certos mesteres, ruas dos tanoeiros, dos retroseiros, etc.: os diversos mesteres tomam consciência de si mesmos, enfileirando-se, assim, numa parte do espaço que lhes é reservado. A proximidade dessas ruas, a sua rede articulada, são, também, a expressão e a imagem da hierarquia dos corpos de artífices e das suas relações; os compradores, quando por elas circulam, sentem, pela sua parte, só com olhar para os mostruários e para a multidão, que entraram no domínio das trocas, apesar de continuarem na cidade, que, de burgueses, nobres, homens de qualidade, ou (visto que os papéis mudam constantemente em economia) de artífices e mercadores, passaram a ser compradores ou, pelo menos, agentes da vida económica. Agora, que as trocas se estendem para fora dos limites do burgo e dos seus campos, que a indústria e o comércio se especializam cada vez mais, as cidades tenderão a diferenciar-se pelas indústrias ou comércios em que adquiriram a sua reputação. Surgirão costumes e pessoal novo, em parte de origem estrangeira, estranhos, pelo menos, à cidade, que exigirão mais espaço, vias de comunicação mais largas, a supressão das muralhas, das estreitas portas da cidade, a construção de avenidas, a ligação com os arrabaldes. O espectáculo deste quadro cheio de novidade, tendo o prestígio do que vem de longe, e também do que imita a vida das altas classes, estimulará a actividade dos comerciantes e dos clientes: a cidade, como estrutura, formará, pouco a pouco, uma sociedade urbana económica à sua imagem.

Ora, estabelece-se, sem dúvida, uma diferenciação entre cidades de consumo e de produção, entre cidades de luxo, de residência, de pequenos funcionários e de reformados, categorias diferentes de compradores e distribuições no espaço, disposições das casas, vias apropriadas; cidades de comércio, de indústrias domésticas, de fabricantes muito qualificados, cidades operárias, cujas ruas e bairros se adaptam aos estaleiros, às fábricas, ao aparelho técnico da produção.

Mas consideremos, agora, as grandes cidades, as que contam vários milhões de habitantes. Não poderão elas explicar-se, como os centros nervosos superiores no organismo, por uma nova função económica, numa sociedade de permuta alargada já para além dos limites da nação? Função de regularização, de fiscalização, mas também de impulsionamento e de incitamento. Para organizar negócios cada vez maiores, para captar as forças de poder de compra, de capital e de crédito, disseminadas por grupos muito vastos, para conservar a ligação com os grandes centros da vida económica do mundo inteiro, não será conveniente que se instalem perto uns dos outros os grandes bancos de depósito e de emissão, as bolsas de valores, de mercadorias, os escritórios dos directores e representantes das empresas mais activas, os maiores armazéns, os estabelecimentos mais luxuosos, os hotéis cosmopolitas, e ainda os jornais que formam a opinião, as agências de informação, de propaganda, que a fixam, a dirigem, e os poderes públicos que, ao mesmo tempo, a vigiam e se inspiram nela, etc.? Assim se explicaria, portanto, por um desenvolvimento económico intensificado, a formação dessas cidades imensas, na escala da Babilónia lendária, cujo rápido crescimento apontámos, ao falar do número dos seus habitantes. Por outro lado, toda a civilização económica moderna tomou a forma de uma civilização de grandes cidades. Tanto as aglomerações industriais, criadas de jacto junto das fábricas, como os novos bairros comerciais e operários, que cercam e submergem as velhas cidades, adoptaram a mesma estrutura, foram construídos segundo esse plano: são os prolongamentos das grandes cidades, em regiões do tipo antigo, e até mesmo no meio dos campos.

Mas, sentimo-lo, isso ainda não é tudo. Quando passamos em revista todos esses aspectos da vida urbana, que dependem, no fundo, como formas religiosas, políticas, económicas, das diversas morfologias especiais, é ainda necessário estudar o que resta, isto é, a cidade em si mesma, abstraindo de tudo o mais. Falta estudar em si mesmos os fenómenos de população puros e simples, cujo conjunto constitui a cidade, a grande cidade colocada entre os outros tipos de aglomeração. No corpo social, em primeiro lugar, são os agrupamentos de população ao mesmo tempo mais extensos e mais densos. A densidade nem sempre, porém, se encontra neles na razão inversa da extensão. Chicago, com uma população total que não é superior à de Paris nos seus limites actuais, cobre uma superfície seis ou sete vezes maior. É que não só os estabelecimentos industriais, as docas e depósitos, as estações e oficinas do caminho-de-ferro, as vias por onde circulam os comboios, mas também as vias públicas, os parques e os terrenos para edificações, ocupam, em Chicago, uma extensão mais vasta, e que exceptuando o centro, as casas são lá menos altas e mais espaçadas. Isto não quer dizer que, em determinadas horas e em certas regiões, a densidade não seja maior. Assim se cria o sentimento, nessas grandes massas, de um espaço social infinitamente vasto e compacto, com zonas de povoamento desigual, sem dúvida, mas, no conjunto, de uma acumulação de edifícios e de seres humanos, numa rede de vias de comunicação em que a circulação é intensa, de um mundo à parte de todos os outros, em que a vida colectiva também é mais intensa que noutros pontos: mistura de representações, ao mesmo tempo materiais e humanas, mecânicas e espirituais, que se encontra, mais ou menos idêntica, em todas as grandes cidades, e que só lá se encontra.

Em semelhantes agregados estabelecidos ou movendo-se sobre o solo, e que, com efeito, se definem sobretudo pelas suas localizações e direcções, os outros modos de agrupamento social têm maior dificuldade em constituir-se; tendem, mais, a dissolver-se neles, excepto nos momentos, nos períodos em que conseguem isolar-se, reforçar-se temporariamente. Em todo o caso, temos, ou julgamos ter, a faculdade de sair deles, de passar de um para o outro, mas, sobretudo, de permanecer durante o tempo que desejamos no meio urbano puro e simples, como habitantes anónimos de um vasto imóvel, de um bairro demasiadamente extenso para se conhecerem todos os que nele residem, ou arrastados por uma corrente de circulação em que o homem é, simplesmente, uma parcela de matéria em movimento. Isto dá origem a um individualismo extremo, o de um ser que se sente tanto mais isolado entre os outros, quanto com mais frequência chocar com eles, e necessitar de defender mais energicamente o seu lugar no espaço, por ele lhe ser medido e disputado, mas também a um sentimento colectivo mais forte que noutros lados, por nos sentirmos, apesar de tudo, ligados a massas humanas cujos limites não distinguimos e que obedecem a impulsos irresistíveis, os mais inteiramente semelhantes às grandes forças da natureza, entre todos os que se desenvolvem no mundo social. De facto, o espaço, as representações espaciais, tanto podem ser um princípio de aproximação, como de divisão ou de isolamento. Aproximam tanto mais quanto os grupos tiverem a impressão de triunfar mais facilmente dos obstáculos que o próprio espaço opõe à vida colectiva, graças ao seu volume, à sua densidade e à sua mobilidade interna. Ora, efectivamente, é isso o que acontece nas grandes aglomerações urbanas. A exaltação colectiva que se observa só por intervalos, ou localmente, nas famílias, nos grupos religiosos, nas sociedades políticas, e até nos meios económicos, por ocasião de cerimónias, de grandes assembleias, de mercados, e ainda nas grandes empresas, que reúnem um maior número de membros do grupo num espaço acanhado, onde vivem apertados, essa intensidade de vida social, que, aliás, é a excepção, torna--se, de certo modo, a regra no mundo das maiores cidades. Elas exercem, por isso, um poder de atracção extraordinário, e os seus habitantes agarram-se-lhes com todas as suas forças. Assim se explica que a população se tenha acumulado progressivamente à volta de núcleos urbanos já formados, aumentando-os e consolidando-os, e os ajude a fixar uma estrutura, ao mesmo tempo material e colectiva, mais vasta e mais complexa, que a retém a ela própria nos mesmos lugares, nas mesmas regiões, apesar de haver forças que a solicitariam a deslocar-se ou a espalhar-se.

Capítulo III

Os Movimentos Migratórios

Os movimentos migratórios propriamente ditos, tais como é possível observá-los em tempo normal, não passam, na realidade, de uma espécie de um género mais vasto a que chamaremos as deslocações de população. Não se trata, porém, de uma simples questão de vocabulário. A questão, com efeito, consiste em saber se devem considerar-se como fenómenos da mesma ordem as invasões, por meio de expedições armadas, expulsão ou destruição das populações indígenas, ou, ainda, o estabelecimento de colónias, e, por outro lado, o transporte de indivíduos em busca de trabalho ou de um emprego de um país para outro, onde serão, finalmente, assimilados, o que se realiza de forma pacífica, e com o consentimento da nação que os recebe.

É natural que só em época bastante recente a atenção se tenha fixado nas deslocações de grupos, encaradas nas suas relações com os fenómenos de população em geral. Sem dúvida, antes do século XIX, e até desde o aparecimento da humanidade, as sociedades humanas não se têm conservado imóveis. Não há país que não tenha sido ocupado, em qualquer época, por povos vindos de fora, os quais, passado algum tempo, foram parcial ou totalmente deslocados por outros.

Pode ver-se, a este respeito, o livro de Moret e Davy, intitulado: *Des clans aux empires*. Nele se vê como, sobre o Egipto, a Palestina, a Síria, a Ásia Menor, a Média, a Assíria, etc., passaram correntes de invasores, avançando e recuando constantemente. Desde então, a noção de população autóctone deixou de ter qualquer significado. Encontram-se populações há muito fixadas em certas regiões, mas tudo indica que elas para lá vieram num momento mais ou menos afastado, repelindo outras. Sob este aspecto, só há diferenças de grau na duração da ocupação. O período histórico das invasões na Europa não passa, sem dúvida, da reaparição ou da reprodução de condições anteriores, após a constituição e o desmembramento do império romano. Na Inglaterra, na Itália, na Alemanha, na própria França, vastas regiões foram, sucessivamente, o prémio de muitas guerras, passando, várias vezes, de um conquistador para outro. Abriu-se depois, nos séculos XVII e XVIII, a era colonial. Ao mesmo tempo que, no velho mundo, as nações se constituíam, e se estabelecia, pouco a pouco, uma ordem mais estável, a América, a Austrália, um certo número de países asiáticos, foram, por sua vez, disputados por essas nações aos indígenas, que elas expulsavam e exterminavam, ao mesmo tempo que lutavam umas com as outras pela ocupação desses países, agora abertos aos Ocidentais. Não é, por isso, possível dizer-se que as deslocações de grupos são um fenómeno contemporâneo. Produziram-se muitas, e consideráveis, durante todo o período histórico.

No entanto, repetimo-lo, se o estudo das migrações, sob um ponto de vista morfológico, só veio a ser abordado numa época bastante recente, é porque, sem dúvida, as deslocações e movimentos de que acabamos de falar eram de uma outra natureza. Antes do século XIX, com efeito, o aspecto político dessas modificações na distribuição e extensão dos povos ocupava sempre o primeiro plano. Quando um povo invadia o território de outro povo, tudo parecia reduzir-se às modificações de fronteiras, à extensão de determinada soberania nacional. Só à história competia o registo desses fenómenos. Ora a história só se interessa pelas modificações na estrutura das nações depois delas terem terminado, quando já pertencem ao passado. O curso dos acontecimentos aparece-lhe sob um aspecto descontínuo, e sob a forma de grandes modificações de conjunto, assinaladas e consagradas por acontecimentos singulares, uma vitória militar, a conclusão de um tratado. Quanto às transformações que se realizam entre dois acontecimentos deste género, quase sempre escapam à sua percepção. Logo que dois soberanos decidem que as regiões de um continente até então habitado por selvagens, situadas à direita de certo grau de longitude, pertencerão a um deles e as regiões da esquerda, ao outro, contenta-se em pintar com cores diferentes as partes do território assim distinguidas, e admite que, imediatamente, os habitantes mudaram de nacionalidade. Geografia estática: a cada momento as formas dos povos parecem claramente fixadas e definidas, e crê-se que elas só de longe em longe sofrem modificações importantes.

Mas trata-se de uma simples aparência. Compreendeu-se isso quando os movimentos migratórios propriamente ditos passaram para o primeiro plano. Reconheceu-se então que, sem operações guerreiras, sem tratados de paz, sem modificações políticas, se podem produzir deslocações de grupos que, com o tempo, modificam profundamente a natureza das populações. Mas este fenómeno é, sem dúvida, muito mais geral e muito mais antigo do que parece, e, embora em menor grau, teria podido observar-se no decorrer dos séculos precedentes. Os lugares ocupados pelas sociedades estão numa evolução perpétua. Por sobre as suas fronteiras visíveis, elas misturam-se por todas as maneiras, penetram no domínio das vizinhas e são penetradas por elas, avolumam-se com emigrantes ou enviam-nos para outras. É certo que, por vezes, se fala de certas sociedades como se elas se tivessem conservado imóveis durante um tempo mais ou menos longo. Por exemplo, tenta-se fixar o instante em que começaram as migrações arianas. Mas esses períodos de pretensa imobilidade são, na verdade, períodos de menor mobilidade. O movimento dos povos não pára e não começa nunca. As diferenças que existem são, simplesmente, na natureza e na intensidade dos movimentos produzidos. Estes, ora são insensíveis e lentos, ora são violentos e acentuados. Mas essas permutas de substância entre sociedades vizinhas e mesmo afastadas não cessam de modificá-las.

Foi por essa razão que Ratzel, na sua *Antropogeografia*, tentou, primeiro que ninguém, definir e classificar os movimentos migratórios (no sentido mais lato). Classificação, aliás, sob vários pontos de vista. Dessas deslocações e movimentos de grupos, uns são conscientes, isto é, tendem para um fim antecipadamente determinado, outros são inconscientes, pois seguem o seu caminho sem fim bem definido. Estes últimos são, naturalmente, os mais frequentes, porque as massas humanas só podem saber, antecipadamente, o ponto afastado onde devem, finalmente, chegar, quando são capazes de imaginar ou de aperceber um horizonte geográfico bastante extenso. Certas migrações realizam-se de repente, por meio de grandes massas, outras fazem-se por pequenos grupos isolados, cujos membros, muitas vezes, se disseminam à medida que avançam. Há migrações activas de povos que, por si mesmos e espontaneamente, se espalham para fora do seu território. Outras, passivas, resultam do choque e da pressão que suportam, assim, as sociedades invadidas. Devemos distinguir ainda as infiltrações lentas que, repetindo-se, produzem, com frequência, o mesmo efeito que as invasões propriamente ditas. Mas as diferenças mais acentuadas provêm da natureza dos povos em movimento, da forma particular da sua civilização. Assim, assinalaremos, em primeiro lugar, as migrações dos povos pastores, dos caçadores, dos agricultores inferiores, prontos a deslocar-se logo que esgotam a fecundidade do solo que ocupam. Todos estes movimentos têm um carácter comum: dão-se em sociedades pouco densas e que dispõem de vastos espaços. Seguem-se as deslocações próprias dos países muito povoados. São as migrações colonizadoras. Finalmente, as que o comércio e a indústria determinam, à medida que se desenvolvem: migrações de comerciantes, de artífices, e, sobretudo, de operários e de camponeses em busca de empregos: é este o tipo mais moderno, aquilo a que podemos chamar as migrações *stricto sensu*.

Vejamos, agora, sempre segundo Ratzel, os caracteres gerais dos movimentos migratórios, o esquema a que é possível reduzi-los. Toda a migração supõe um ponto de partida, um ponto de chegada, e um caminho conduzindo de um ao outro. Precisamos estes termos, porquanto uma migração, em geral, não parte dum ponto claramente circunscrito, para se dirigir, em linha recta, para certo destino igualmente preciso. O lugar de origem é sempre uma região de uma certa extensão, e, além disso, desloca-se. Assim, antes da [Primeira] Guerra, parece que os povos do hemisfério norte foram arrastados pelas duas grandes correntes que saíam da Europa, uma para Oeste, para os Estados Unidos, deslocando-se o ponto de partida cada vez mais para Leste, da Inglaterra e Irlanda para a Alemanha e depois para os países eslavos, outra para Leste, para a Sibéria e Ásia, deslocando-se o ponto de partida para Oeste, até encontrar o primeiro (A. e E. Kulischer). De resto, num dado momento, é de pontos muito diversos do mesmo país que chegam aos portos de embarque os pequenos grupos de emigrantes. Exactamente como os pontos de partida, as direcções seguidas pelas migrações não estão predeterminadas pela natureza. Só as grandes massas de água, os campos de gelo e os desertos, porque são completamente inabitáveis, exercem, com frequência, uma espécie de acção negativa sobre esses movimentos. E ainda os oceanos podem ser atravessados, quando há linhas regulares de navegação. Na realidade, não há nada na disposição dos lugares, nem sequer à distância, de que, com o tempo, o esforço dos homens não possa triunfar.

Esta descrição afigura-se-nos demasiadamente simplificada, pois poderia igualmente aplicar-se a um fenómeno puramente físico, como o escoamento das águas de um lago para outro, ou o da corrente de um rio até ao momento em que se lança no mar. Coloquemo-nos no ponto de vista sociológico, e, voltando ao problema de que partimos, vejamos em que é que uma migração se assemelha com um fenómeno como a invasão, cuja natureza política e social não é contestável, e o que é que distingue uma da outra.

Exactamente como uma expedição militar, um movimento migratório em sentido estrito apresenta todos os caracteres de um fenómeno colectivo (e a mesma observação seria de fazer, se o comparássemos com uma cruzada religiosa ou com a fundação de uma colónia). Nas estatísticas oficiais, para distinguir o emigrante, ou o migrante do simples viajante que se desloca por prazer ou por negócios, considera-se o facto de ele se transportar para outro país para lá ficar pelo menos durante alguns anos, e para lá viver de um emprego (e não dos seus rendimentos ou de dinheiro enviado do exterior). Trata-se de uma definição oficial, que corresponde a necessidades de comodidade. Só, no entanto, falaremos em migrações, em movimentos migratórios (e em migrantes) a partir do momento e na medida em que os homens que se deslocam passam a fazer parte de uma corrente, que é uma corrente no espaço, mas que é, também, uma corrente social. Com efeito, os pontos materiais visíveis que representam, reunidos, esses movimentos, não estão ligados uns aos outros, nem são arrastados segundo um movimento comum por forças físicas de atracção ou de impulsão. O que os liga é o facto de todos se sentirem membros do mesmo grupo, de participarem dos pensamentos e sentimentos próprios do agregado em que estão compreendidos, desde que entram, efectivamente, na categoria dos emigrantes.

Desta forma, pode-se ser emigrante muito tempo antes de partir, só pelo facto de estar inscrito nos escritórios das companhias de transportes que se ocupam especialmente de emigrantes, de ter feito os necessários preparativos e de ter, antecipadamente, imaginado os companheiros de viagem e de destino com os quais se vai, daí por diante, confundir. Pode-se só vir a ser emigrante muito mais tarde e quase no termo da viagem, se a viagem for feita num barco que não transporte emigrantes, se, ao partir, não houver a ideia determinada de emigrar, mas passa-se, então, a sê-lo pelo facto de entrar numa condição que é a de outros homens que formam um grupo, ao lado dos quais se trabalha, no meio dos quais se vive, pois que é, realmente, nesse grupo que vos considera, que vos engloba a opinião todo poderosa dos que são nacionais ou naturalizados. Em todo o caso, e para além dos pontos materiais em movimento, é a esses estados colectivos de consciência que se aplica a observação do sociólogo. Esses seres materiais, homens com trajes diversos, e que arrastam as suas bagagens, essas criaturas de carne e osso e os seus movimentos visíveis, só o interessam na extensão em que, por detrás das formas agrupadas, os gestos e as palavras trocadas, ele descobre representações colectivas invisíveis.

Há, portanto, em todo o caso, esta semelhança entre as expedições militares e as migrações de operários ou de camponeses: tanto num caso como no outro, os indivíduos fazem parte de um grupo, e mudam, até certo ponto, de natureza social, pelo simples facto de fazerem parte dele. Quer se trate de soldados ou de emigrantes, todos eles imaginam colectivamente isso mesmo que Ratzel indicava: o seu ponto de partida, mas a partir, somente, do momento em que se reuniram e agruparam, porque a recordação do que precede esse momento é puramente individual, e, no grupo, tende rapidamente a esbater-se, até mesmo a desaparecer, e, em todo o caso, só volta por intervalos; a sua direcção, mais exactamente, os países e as extensões de água que atravessam, os detalhes da viagem – mas, sobretudo, a reacção mental e moral do grupo em marcha ou transportado, perante o meio material que o rodeia; em espíritos pouco cultos ou pouco delicados, a novidade e a estranheza dos objectos só podem, porém, deixar uma impressão pouco nítida. No primeiro plano só aparecem as noções claramente expressas pelo grupo ou para o grupo inteiro: os lugares característicos, as distâncias; a aproximação do porto de destino, para os emigrantes, se é de um exército em marcha que se trata, outros detalhes talvez, mas sempre vistos e definidos sob o ponto de vista dos seus soldados, quer dizer, reconduzidos ou reduzidos a termos bastante simples; finalmente, o ponto de chegada, cuja imagem ou a sua noção confusa (visto não corresponder a nenhuma experiência) passa, sem dúvida, para o primeiro plano, pois a chegada é a razão de ser do transporte em grupo, estando sempre presente no pensamento de todos, durante todo o percurso, o lugar para onde vão. Precisamente porque se encontram num meio estranho e novo, esses grupos de homens em movimento, grupos de emigrantes ou de soldados, aproximam-se, e os seus membros tomam melhor consciência de aquilo que os concilia.

Aqui terminam, sem dúvida, as semelhanças entre um exército em marcha, e um navio de transporte carregado de emigrantes. Com efeito, a primeira diferença existente entre os dois agregados colectivos aqui comparados é que os emigrantes, pelo facto de emigrar, são separados e até arrancados do seu grupo nacional, e mantêm-se, ainda, estranhos ao país ou à nova civilização que, talvez mais tarde, conseguirão assimilar. Romperam-se as ligações, logo que entraram na corrente migratória, cortaram-se as amarras, tanto mais que vão, de futuro, estar em contacto, mais ou menos contínuo e frequente, com emigrantes como eles, mas doutras nacionalidades, e mesmo quando, por hábito, por nostalgia da terra natal, se mantém reunidos, no seio do grupo ou da corrente mais larga, entre pessoas que falam a mesma língua e têm os mesmos costumes. Pelo contrário, um exército organizado para a guerra e para a conquista (pelo menos quando não é constituído por mercenários) é sempre o prolongamento, em país estrangeiro ou inimigo, da comunidade nacional de que emana, e da qual pode estar afastado, mas não separado sem ideia de regresso. Nos exércitos, o espírito nacional, longe de se extinguir, torna-se mais intenso. Sucede o mesmo num grupo de peregrinos que parte, mas para voltar, e até dos que vão fundar colónias distantes, e que se consideram sempre, apesar do afastamento, como ligados à mãe pátria por inúmeros laços. Os emigrantes, pelo contrário, chegam humildemente à terra estrangeira, como que já despojados do seu antigo estatuto, matéria sem forma, completamente disposta a entrar em novos quadros. Como poderia deixar de modificar-se, nesses grupos, a natureza e a intensidade das representações colectivas?

Mas eis uma segunda diferença, que resulta, aliás, directamente da anterior. Exércitos em marcha, grupos de peregrinos, expedições de colonos: em todos estes casos, o grupo tem um objecto definido, e um objecto colectivo, que cimenta a união entre os seus membros. O facto de eles terem uma ideia, embora de conjunto e popular, do lugar de onde partem, dos países que atravessam, do lugar para onde vão, é, no fundo, um carácter secundário: esse género superficial de impressões locais e sensíveis subordina-se à noção da obra e da actividade comum, e do que constitui a razão de ser da sua ligação. Pelo contrário, uma corrente de migração não é determinada por resoluções colectivas reflectidas. Os emigrantes não têm, como grupo, outra ambição, nem outra preocupação, além de se transportarem de um país para outro. É nisso que se cifra o que os seus pensamentos podem, realmente, ter de comum. Cada um, no agregado, conserva os seus fins e preocupações individuais, tanto mais que se encontra separado do seu grupo de origem, e, sob este ponto de vista, não forma bloco com os outros. Se se funde com eles, é como se fundem os membros da mesma caravana, os ocupantes do mesmo vagão de caminho-de-ferro, quer dizer, por um tempo limitado, e de forma tal que, das relações assim constituídas, nada resulta de durável logo que a viagem termina.

Não, é menos verdade que essa vida colectiva, reduzida quanto à duração, pode, enquanto existe, revelar-se como bastante intensa, precisamente porque é o único reconforto social que encontram esses homens sem lar, sem macio, e a quem, certamente, essa falta faz sofrer.

Será, pois, verdade que essas correntes são formações sociais efémeras, como as correntes de circulação nas nossas grandes cidades? De facto, elas já existem antes de nelas entrarem os indivíduos que arrastam, e subsistem depois de eles as terem deixado. Tomam até a forma de instituições regulares e estáveis: repartições de partida, repartições de chegada, sociedades de transporte, acordos internacionais, etc. Isto significa, portanto, que correspondem a tendências e necessidades colectivas, que ultrapassam as do grupo dos migrantes. De facto, basta examinar a atitude que adoptam em face desses movimentos de migração os países de onde eles partem e aqueles para onde eles se dirigem. Uns têm excesso de população, e facilitam, por isso, a partida de uma parte dos seus habitantes. Outros carecem de mão-de-obra, para valorizar as suas terras e explorar os seus recursos naturais. Os emigrantes obedecem, na realidade, a forças de repulsão e de acção, de natureza colectiva. São os grandes corpos nacionais que permutam a sua substância, e que determinam, em períodos de tempo mais ou menos longos, a direcção e a intensidade dessas correntes.

Mas essas deslocações não deixam, por isso, de se distinguir das expedições militares. São pacíficas, e supõem, pelo menos, um acordo tácito entre os países de partida e de chegada. O que, por outro lado, as torna possíveis é o facto de, pelo menos em certos momentos, existir, nos grupos nacionais, uma parte da população já semi-separada do corpo social pela miséria e pelo desemprego. Assemelha-se a essas massas de capitais disponíveis no mercado internacional, que erram de um país para outro, em busca de uma ocasião para se colocarem. Mesmo assim parcialmente desenraizada, essa população hesitaria em pôr-se em marcha, se não obedecesse a forças colectivas superiores a ela. De facto, é por grandes vagas irresistíveis que, em geral, se produzem esses movimentos: para a América, por exemplo, primeiro a vaga anglo-saxónica, depois a vaga alemã, depois a vaga italiana, e, ao mesmo tempo, outras, cada vez mais fortes, vindas da Rússia, da Polónia, da Europa Oriental. Nada revela melhor que esses fenómenos de massa o carácter social de tais movimentos.

Se as migrações resultassem, simplesmente, de uma série de gestos individuais reunidos uns aos outros, e se os indivíduos tivessem a liberdade de ir para onde quisessem, ou ficariam onde estão, ou se espalhariam um pouco por toda a parte, em todas as direcções e como que ao acaso. Mas, em geral, retidos pelo seu país, repelidos pelos países estrangeiros, só conseguem escapar a essas forças quando aparecem outras, colectivas também, mas dirigidas em sentido inverso, que os chamam e os arrastam. Não se trata principalmente, ou quase exclusivamente, de motivos económicos, pois esses desaparecem dentro de representações colectivas mais latas. Como se aquilo que os emigrantes procuram não seja apenas uma ocupação, o meio de ganhar a vida, mas um novo meio demográfico. É por isso que eles se deixam aspirar por essas correntes de população que circulam de um país para outro, de um continente para outro, e nas quais se sentem já envolvidos pela civilização de um novo mundo.

SEGUNDA SECÇÃO
O MOVIMENTO NATURAL DA POPULAÇÃO

Capítulo I

O Sexo e a Idade

A população no seu conjunto, assim como também cada população considerada separadamente, apresenta-se-nos, no fundo, como uma massa ou um agregado de massas materiais, colocadas, ao lado umas das outras, sobre o solo. Foi assim que a considerámos.

Coloquemo-nos, agora, num outro ponto de vista. Essa massa tem outra propriedade essencial, que é conservar-se. A todo o momento, perde parte dos seus elementos. Mas substitui-os. Retempera-se, como um corpo vivo. Dizemos, por vezes, que uma geração sucede a outra. Na realidade, não há a menor descontinuidade nesta evolução, nenhuma catástrofe como o lendário dilúvio. Se tivesse sido possível segui-la desde tempos remotos, há alguns séculos, pareceria que é o mesmo ser que continua a viver, conjunto orgânico que não pudemos ver nascer e que não parece destinado a morrer. Uma sociedade que se contente com aquilo que pode observar, e que se interesse, sobretudo, por si própria, procurará somente saber se os nascimentos e os óbitos estão entre si numa relação tal que a população se mantenha ou aumente.

É sob esta condição que uma sociedade pode subsistir. Falamos das migrações. É certo que algumas populações aumentam, ou mantém-se no seu nível, atraindo para si homens que outros grupos lhes cedem: é o caso das cidades, dos países novos, e até de alguns países há muito tempo povoados. Mas essas permutas de homens só são possíveis em consequência de certos grupos terem uma população super-abundante. De uma maneira geral, porém, este factor de aumento populacional é secundário. O principal são os nascimentos, o excedente dos nascimentos sobre os óbitos.

É o que se chama o movimento natural da população, natural designando, aqui, simplesmente o que resulta da natureza vital. A demografia, que fez incidir sobre este aspecto toda a sua atenção, julgou, durante muito tempo, que a natalidade e a mortalidade, isto é, a percentagem dos nascimentos e dos óbitos, tal como as estatísticas no-la revelam, se explicavam por leis puramente biológicas, ou melhor, que as estatísticas nos apresentavam as leis do nascimento e da morte como fenómenos vitais. Não será, por isso, verdade que, ao abordarmos esta parte da ciência da população, certamente a mais avançada, saímos do domínio da morfologia social, para entrar no da morfologia biológica?

Havemos de vê-lo. Mas o essencial, para nós, neste momento, é compreender claramente que abordamos um novo aspecto da população. Depois de termos observado a sociedade no espaço, vamos colocá-la, de novo, no mundo das forças biológicas, que condicionam os nascimentos, os casamentos, a morte, quer dizer, a reprodução e a subsistência dos grupos humanos.

No seu conjunto, a população humana apresenta dois caracteres que permitem distribui-la em duas ou em várias grandes categorias: por um lado, o sexo, por outro, a idade. Falemos, em primeiro lugar, da diferença dos sexos. – Esta diferença é primitiva, isto é, existe desde o nascimento, e até já antes dele, nos últimos meses da gestação. – É fixa, no sentido de que subsiste durante toda a vida e até à morte. Nas outras espécies animais, além do homem, também geralmente existe esta diferença, que quase sempre tem as mesmas características. Mas há, em algumas, casos em que o sexo não está determinado ao nascer, e em que pode mudar durante a vida individual. – Terceiro carácter: a diferença dos sexos é clara e precisa. É o mesmo que sucede entre os animais, se bem que haja alguns de sexo mal definido. No homem, em boa verdade, se só tivéssemos em conta os caracteres sexuais secundários, a descontinuidade entre os dois sexos seria substituída por uma série de estados intermediários. Todavia, o número dos que apresentam o tipo hermafrodita com suficiente clareza é insignificante. – Quarto carácter: o sexo só admite dois casos, uma alternativa: masculino ou feminino. Nas colmeias há três sexos: os machos, as rainhas e as obreiras. – Quinto carácter: na espécie humana, em todo o caso, a relação numérica entre os sexos tende a aproximar-se da igualdade: mas é uma propriedade da população global, que só pode verificar-se por observação estatística. – Finalmente, há um último carácter, de que resulta ser irredutível semelhante diferenciação: é que os dois sexos são complementares um do outro, pelo menos quando se trata de assegurar a reprodução.

A diferença entre os sexos será puramente biológica? Será uma condição biológica da vida social, que a sociedade recebe do exterior, e sobre a qual não pode influir? Observemos, em primeiro lugar, que um dos caracteres mais essenciais que acabamos de indicar, a precisão e clareza da diferença entre os sexos, pode ser reforçado ou diminuído por influências sociais. É reforçado nas sociedades primitivas ou selvagens, pelo facto de, por vezes, se atribuir às mulheres um carácter mágico ou sagrado, cercando-as de interditos. Mas, nas nossas sociedades, a diferença dos sexos é, também, reforçada por diversas instituições ou pelos costumes: inscrição dos nascimentos no registo civil, obrigação do serviço militar para os homens, separação dos sexos nas escolas, diferença quanto à maioridade, à idade mínima para o casamento, aos direitos e capacidades no casamento – e, sobretudo, distinção muito aparente quanto à forma de vestir, diversidade de educação, de ocupações, carreiras masculinas e femininas, etc. É certo que as condições da vida moderna também reduzem ou atenuam, em certos casos, essa oposição. Em todo o caso, ela é desigual, conforme os tipos de civilização, o que prova claramente que depende da sociedade.

Por outro lado, formarão os homens e as mulheres, não só categorias diferentes, mas também grupos sociais distintos? De facto, o grupo elementar parece realmente ser, aqui, a família, que compreende representantes de um e outro sexo. Mas as barreiras que separam as famílias não impedem, todavia, que em muitas ocasiões as mulheres e os homens formem grupos diferentes, e que haja assim, para os dois sexos, pelo menos um esboço de vidas colectivas separadas. Nas sociedades selvagens, há sociedades de homens, casas reservadas aos homens. Em alguns países do Oriente, enquanto se mantiveram certos costumes como o véu e o harém, as mulheres visitavam-se separadamente, assim como os homens. Nas nossas sociedades, em virtude dos negócios absorverem os homens, sucede, com frequência, que às mulheres incumbe a vida social de relações. Se os homens e as mulheres escapassem às influências colectivas que, assim, exercem sobre eles, de maneira quase exclusiva, o grupo do seu sexo, as diferenças entre eles seriam menos aparentes.

Coloquemo-nos agora no plano demográfico. Encaremos somente os seres humanos dos dois sexos como elementos da população, tendo unicamente em consideração o seu número. Precisamos de distinguir aqui duas questões: qual é a proporção das crianças dos dois sexos ao nascer? Em seguida, qual é a proporção numérica dos dois sexos no total da população, seja qual for a idade? Num e noutro caso, que influência parece dever atribuir-se à sociedade?

Vejamos primeiro os nascimentos. Seria necessário recuar bem longe no passado, para além de Aristóteles e de Anaxágoras, talvez até ao século x antes de Cristo, para se encontrarem os mais antigos vestígios do interesse prestado pelo homem ao problema da natureza do sexo, das suas causas e da acção que sobre elas podemos exercer. Desde que a humanidade existe, sempre se tem perguntado, quando se espera o nascimento de uma criança: será um rapaz ou uma rapariga? E não por simples curiosidade. Entre os povos não civilizados, e entre os antigos, a sorte dos descendentes de um e outro sexo não era a mesma. Ainda hoje, há a preocupação do futuro reservado aos rapazes e às raparigas. A isto juntam-se as preferências e desejos individuais dos pais, quer se trate do primeiro filho, ou de uma unidade que vem juntar-se a diversas outras, e que contará mais ou menos, que poderá, mesmo, ter um valor negativo, se pertencer ao sexo que é mal acolhido. – Por isso mesmo, a magia e as crenças supersticiosas relativas ao sexo dariam para organizar um imenso catálogo de métodos que foram recomendados, particularmente na Idade Média, para se procriar à-vontade um rapaz ou uma rapariga. Muitos preconceitos deste género ainda hoje gozam de certa reputação, como, por exemplo, a ideia de que se obtém um filho de certo sexo desejando-o fortemente.

O problema foi mais bem apresentado quando se procurou saber se, num grupo compreendendo uma população bastante grande, a relação numérica entre os nascimentos de cada sexo está determinada, e qual é ela. Foi um inglês, Graunt, quem, em 1661, após trinta anos de investigações sobre o número de baptismos em Inglaterra, descobria a verdadeira proporção: 105,8 rapazes para 100 raparigas: aproximadamente a média que hoje se obteria em vinte ou trinta países. Nesse momento, pelo contrário, muitos autores julgavam que nasciam muito mais raparigas que rapazes, especialmente nos países polígamos. Depois disso, com o progresso das estatísticas, pôde estabelecer-se que, em todos os países, nasciam mais rapazes que raparigas, pouco mais ou menos na proporção de 105 para 100, o que se aproxima do equilíbrio. De resto, como morrem mais rapazes de tenra idade do que raparigas, a partir dos 5 ou 6 anos a igualdade restabelece-se.

Trata-se, ao que parece, de uma lei. Mas de que natureza? Biológica ou sociológica? Certos biologistas imaginaram várias hipóteses para explicar esse equilíbrio. De uma maneira geral, admitamos que o organismo humano seja de tal ordem que, em cada nascimento, ou em cada concepção, haja, aproximadamente, as mesmas probabilidades para resultar um rapaz ou uma rapariga. Basta aplicar a lei dos grandes números, para que a relação numérica constatada se explique por um cálculo de probabilidades, como se fizéssemos um grande número de tiragens de uma urna que contivesse 105 bolas brancas (rapazes) e 100 bolas pretas (raparigas). Nestas condições, a sociedade não exerceria qualquer influência sobre a distribuição numérica dos sexos ao nascer, que se explicaria por causas puramente orgânicas.

Todavia, e precisamente porque se trata de grandes números, a relação verificada é, tão somente, um resultado global. É possível que analisando conjuntos mais limitados de nascimentos, separados segundo certos caracteres, se encontrem variações notáveis. – De facto, verificou-se há muito: 1.º – que a proporção dos nascimentos masculinos é claramente mais fraca para os filhos ilegítimos que para os outros; 2.º – que varia conforme os meses do ano; 3.º – que é mais elevado nos campos que nas cidades; e foi-nos possível assinalar, recentemente: 4.º – que, no fim da última guerra, durante os anos de 1918, 1919 e 1920, tanto na França como na Alemanha, aumentou acentuadamente, para baixar em seguida (aumento único durante o último século). Por outro lado, de investigações detalhadas e bastante extensas por nós feitas, resulta que a proporção dos nascimentos masculinos varia segundo a diferença de idade entre os cônjuges. Se assim é, explicam-se facilmente as diferenças que acabamos de apontar, porque tudo nos leva a crer que a diferença de idade entre os pais, em geral, não é a mesma para os nascimentos ilegítimos que para os outros, e é sabido que também não é a mesma nos diferentes meses, assim como no campo e na cidade; finalmente, também não foi no fim da [Primeira] Guerra, a mesma que era anteriormente. Tudo indica que há uma relação entre a proporção de nascimentos masculinos e a diferença de idade entre os pais (a diferença absoluta de idade, que é fixada de uma vez para sempre, ao passo que a diferença de idade relativa diminui constantemente em cada casal), seja qual for a explicação que desse facto se possa dar, sob o ponto de vista biológico.

Estaria comprometido o equilíbrio dos sexos ao nascer, se os homens e as mulheres vivessem num regime de promiscuidade, ou se, como acontece nas uniões ilegítimas, a diferença média de idade entre os dois cônjuges não estivesse submetida às prescrições do costume e da lei? É uma questão que ainda não é possível resolver, no estado actual dos nossos conhecimentos. Mas, debaixo de um outro ponto de vista, a influência da sociedade continua a exercer-se neste domínio. Podemos conceber que o infanticídio se admita, seja praticado em grande escala, e que as crianças de um sexo dele sejam vítimas em maior número que as do outro. Por conseguinte, mesmo que a igualdade numérica aproximada dos sexos dos recém-nascidos se explicasse por causas biológicas, é indiscutivelmente a interdição do infanticídio, isto é, uma prescrição social, que a mantém.

Segundo problema, e, desta vez, as influências sociais intervêm, sem dúvida, mais claramente. Qual é a proporção dos dois sexos na população total? Mas, antes de mais nada, teremos, a este respeito, dados suficientes? Um naturalista, querendo reconhecer qual era a proporção dos sexos numa espécie de insectos, agarrou um certo número deles, quando voavam em enxame, por meio de uma rede, e ficou admiradíssimo por encontrar mais de 90% do sexo masculino. É que as fêmeas ocultavam-se no musgo ou debaixo das pedras. Apresentam-se, ainda, outras dificuldades, muito diferentes conforme as regiões, quando se quer enumerar separadamente os seres humanos dos dois sexos. Omite-se, por vezes, a declaração de um certo número de raparigas ou de mulheres, porque, por motivos tradicionais, religiosos ou de costume, os indivíduos desse sexo são considerados de menor importância. Por exemplo, nos recenseamentos indianos, e nos do Japão. Não é, por isso, possível determinar, com uma exactidão bastante aproximada se um dos dois sexos existe em maior ou menor número na população mundial.

Pelas alturas de 1900, só possuíamos números, a este respeito, acerca de metade da população, e de valor bastante desigual. Karl Bücher, num estudo clássico sobre «a distribuição dos sexos sobre a Terra», em 1892, achava, em média, 988 mulheres para 1000 homens, 1024 na Europa, 973 na América, 958 na Ásia, 968 na África, 852 na Austrália (920, é verdade, em 1907). Como devem ter sido omitidas muitas raparigas e mulheres na Ásia, parece efectivamente que, em média, para toda a Terra, deve haver um equilíbrio aproximado entre os dois sexos.

Mas trata-se apenas de um resultado médio. Se distinguirmos os sexos por países, poderemos fazer uma observação curiosa. De um modo geral, verifica-se o predomínio das mulheres no Noroeste da Europa. Esse predomínio diminui, à medida que avançamos do noroeste para sudeste, e dá, por fim, lugar a um predomínio dos homens. É na Hungria que se efectua a transição entre os países de forte proporção de mulheres e os de forte proporção de homens. Mas na França, na Bélgica e na Itália, o equilíbrio é bastante aproximado. Na Noruega, Escócia, Suécia, Inglaterra, Suíça e Dinamarca, contam-se 92 a 95 homens por cada 100 mulheres; na Áustria e Espanha, entre 96 a 97. Ao contrário, na Grécia, Sérvia e Roménia, a proporção dos homens é acentuadamente mais forte (no Noroeste da Alemanha, também). Acrescentemos que nos Estados Unidos, no Canadá, na Nova Zelândia e na Austrália, acontece o mesmo, mas o facto explica-se pela emigração.

Quais são as causas dessa desigualdade de país para país? Não é, como vimos, por nuns países nascerem mais rapazes e noutros mais raparigas. Mas é preciso ter em conta a mortalidade, as causas da morte, a que um dos sexos deve estar mais exposto que o outro, nos lugares onde é menos numeroso na população total. Ora a mortalidade não é um fenómeno puramente fisiológico. A morte explica-se, em grande parte, pela vida, pelas condições de vida. Elas devem ser mais favoráveis ao sexo feminino, nos lugares onde ele é em maior número. As condições de vida resultam, pela sua parte, da organização social e dos costumes: condições da vida doméstica e económica. O nascimento é a introdução na vida física. Mas antes da criança ser introduzida na vida social, é necessário que os pais tratem dela. Nos lugares onde as raparigas são menos estimadas que os rapazes, e olhadas, até, como um encargo, devemos contar que morram muitas mais em tenra idade. Onde as mulheres casam muito novas, e estão expostas a muitas maternidades precoces, a duração da sua vida média pode ser reduzida. Finalmente, o mesmo acontece quando lhes são impostos trabalhos pesados e extenuantes, trabalhos domésticos sobretudo, como nas baixas classes dos países do Oriente e do Extremo Oriente. Noutros pontos, pelo contrário, as tradições e um desenvolvimento social mais avançado explicam as atenções com que as mulheres são tratadas, poupando-se-lhes, quanto possível, a fadiga física e as preocupações económicas. Na Inglaterra, a duração provável da vida é acentuadamente mais elevada para as mulheres que para os homens, e num grau que não se encontra nos outros países. É, por isso, natural que elas representem uma maior parte da população global.

    O resultado essencial desta análise é que, quer se considerem os nascimentos ou se olhe para a população inteira, a relação numérica entre os sexos tende a manter-se nas proximidades da igualdade. Isto é digno da maior atenção, sobretudo por, em parte, se poder explicar por causas sociais. O próprio casamento, pelo menos nas nossas sociedades ocidentais, associando dois seres de sexo diferente, assegura a cada um deles a protecção do outro: o homem, em muitos casos, poupa assim à mulher as preocupações da luta pela vida; por outro lado, a vida conjugal é favorável ao homem, visto a mortalidade ser maior, em igualdade de idade, entre os celibatários ou viúvos que entre os homens casados. Dissemos, de princípio, que o principal carácter dos sexos é um ser complementar do outro. Isto deve entender-se não só num sentido fisiológico, mas também sob o ponto de vista social. É a sociedade que, no seu quadro espacial, ajudada, sem dúvida, pela natureza, aproveitando-se de uma situação de facto conforme às leis biológicas, intervém, contudo, por meio dos seus costumes e das suas instituições, para manter o equilíbrio numérico entre os dois sexos.

À primeira vista, a idade distingue-se do sexo por características opostas. Ao passo que o sexo aparece logo ao nascer, só depois disso é que as idades se sucedem. O sexo é sempre o mesmo; pelo contrário, a idade muda durante toda a vida. A diferença entre os sexos é clara e definida; mas passa-se de uma idade para outra por transições insensíveis. Só há dois sexos; há um número quase infinito de idades. Se a relação numérica entre os sexos se aproxima da igualdade, o número das pessoas de certa idade é, no geral, tanto mais pequeno quanto mais avançada for a idade (excepto quando, como sucede em seguida a uma guerra, a morte tiver atingido sobretudo os adultos jovens, ou quando a natalidade pára ou diminui). Os sexos são exclusivos, e não é possível passar de um para outro; pelo contrário, não se atinge uma determinada idade sem, primeiramente, ter percorrido as anteriores. Finalmente, se os sexos são complementares, pode conceber-se uma população quase exclusivamente composta por pessoas de idade ou por gente nova.

Contudo, sob outros aspectos, a idade aproxima-se do sexo. Em primeiro lugar, há qualquer coisa que se fixa ao nascer, e que nunca muda: a diferença de idade absoluta entre uma pessoa e uma outra nascida mais cedo ou mais tarde (apesar de, por outro lado, a diferença relativa se reduzir sem cessar, com o decorrer do tempo). Apesar de se passar de uma idade para outra por gradações insensíveis, entre a mocidade e a velhice a diferença é tão nítida, sob certos aspectos, como entre os dois sexos. Só em teoria existe um número infinito de idades: de facto, há uma curva ascendente e descendente, dois ramos somente, como há dois sexos. Numa determinada população, cuja natalidade e mortalidade não variem, há uma relação numérica entre as diversas categorias de idade, que é tão determinada como a relação numérica entre os sexos. Se as idades não são exclusivas, como os sexos, pois se passa de uma para outra, pelo menos a série das idades é irreversível: é tão impossível a um velho voltar a ser novo, como a um homem vir a ser mulher. Enfim, e sobretudo, as idades são também complementares, no sentido de que uma população constituída só por velhos não se reproduziria.

Nas *Viagens de Gulliver*, Swift descrevendo o país dos Lugnagianos, traça-nos um quadro bastante sombrio e desesperador, daqueles a quem ele chama os *struldbrugs*, os homens que nasceram (em pequeno número) para nunca morrer: «dizem-me que se pareciam com os mortais e viviam como eles até à idade de trinta anos; que, depois dessa idade, caíam, pouco a pouco, numa negra melancolia, que aumentava sempre até atingirem os oitenta anos; que, então, não só estavam sujeitos a todas as doenças, a todas as misérias e a todas as fraquezas dessa idade, mas que a ideia aflitiva da duração eterna da sua miserável caducidade os atormentava a tal ponto que nada os podia consolar; que não eram apenas teimosos, rabugentos, avarentos, palradores e venenosos, mas que eram, também, incapazes de amizade, e das mais ternas afeições naturais... A inveja e os desejos impotentes, consumiam-nos constantemente, e os principais objectos desses sentimentos eram os vícios dos jovens mortais e a morte dos velhos... Perdiam a memória de todas as coisas e lembravam-se, a custo, do que tinham visto e aprendido durante a mocidade e a idade madura... Os menos miseráveis eram os que só diziam disparates e que tinham perdido completamente a memória, porque excitavam a comiseração, ao mesmo tempo que estavam isentos das más qualidades que abundavam nos outros imortais». O leitor, à medida que avança nesse capítulo, propositadamente extenso, sente aumentar em si o sentimento agudo do que há de inelutável no declínio progressivo, de idade em idade, das nossas forças mentais e afectivas, no desaparecimento sem remédio de todas as razões que nos prendem à vida. Foi possível aumentar a duração média da vida. Em contrapartida, a duração máxima, a que chegam alguns Matusaléns, que nos admiramos de encontrar, como velhos marcos ao lado de uma estrada, como se a morte os tivesse esquecido, não se modificou. Prolongar a vida a partir de certa idade, seria prolongar a decrepitude. A idade parece, debaixo deste ponto de vista, sujeita a leis biológicas inelutáveis.

Todavia, é um problema saber se os animais têm idade. Têm-na aos olhos dos homens, porque estes, pelo menos sob este aspecto, os assimilam a seres humanos. Mas é pouco provável que os próprios animais tenham um sentimento bem claro da sua idade. Se, em certas espécies, os jovens atacam os velhos, é da mesma forma que os mais fortes atacam os mais fracos. Assim como não participam da certeza de que morrerão, certeza que parece ser privilégio do homem, o sentimento de se verem envelhecer foi-lhes, certamente, poupado. É que os animais não possuem as formas superiores da memória, e não lhes é, por isso, possível localizar no tempo os acontecimentos e períodos sucessivos da sua vida, sobretudo por não terem a noção abstracta do tempo. O homem, se não vivesse em sociedade com os seus semelhantes, deveria, sob este aspecto, parecer-se com os animais.

As idades correspondem, sem dúvida e de um modo geral, às diversas fases da vida orgânica: é neste sentido que temos a idade das nossas artérias, ou a idade que realmente temos, seja qual for a que aparentemos. Todavia, nos países onde ainda não existe o registo civil, os homens não podem dizer qual é a sua idade. Sabem apenas que são jovens, adultos ou velhos, e mesmo isso, só o sabem porque são tratados como tais. Por outro lado, a própria ideia de idade varia conforme os países e conforme os tempos. Em *L'École des femmes*, Arnolfo passa por um velho caduco. E, no entanto, não tem mais de quarenta anos. E nos tempos de Balzac [1799-1850], há pouco mais de um século, a mulher de trinta anos dizia adeus à mocidade.

Já há muito que as estatísticas representam a distribuição das idades numa população, por meio de aquilo a que chamam pirâmides de idade. Um gráfico deste género, antes da [Primeira] Guerra, para um país como a França, apresentava um aspecto simétrico dos dois lados do eixo vertical. É preciso olhar com mais atenção para, a partir dos 20 anos, descobrir um ligeiro predomínio das mulheres sobre os homens. Depois da guerra, em 1926 por exemplo, há duas profundas ranhuras nos dois lados da base da pirâmide, que correspondem às gerações reduzidíssimas, nascidas de 1915 a 1918, e também uma diminuição de largura, mas apenas do lado dos homens, de 25 a 45 anos, que corresponde às perdas das gerações masculinas, que em 1921 teriam de 20 a 40 anos.

Obtém-se um resultado mais impressionante quando se sobrepõem as pirâmides, ou as suas projecções, de dois países com caracteres demográficos muito diferentes, a França e o Japão, por exemplo (ou a França e a Alemanha). Em 1926, a pirâmide, na parte inferior e central, é muito mais larga em referência ao Japão, onde a natalidade é mais elevada, onde há, por isso, uma maior proporção de crianças e de jovens, e até de homens com menos de 50 anos. A partir dos 50 anos, pelo contrário (a partir dos 35 anos na Alemanha) a pirâmide é mais larga para a França, onde há uma proporção de pessoas idosas nitidamente superior. Dois tipos de desenvolvimento demográfico, duas populações de morfologia muito diferente e quase oposta: uma população jovem e dinâmica, uma população velha estacionária.

A comparação incide sobre grupos de idades, definidos por um número inteiro de anos: de 0 a 5 anos, de 5 a 10 anos. Mas poderá afirmar-se que essas divisões aritméticas correspondem a grupos sociais? – Foi o problema que já apresentámos, a propósito dos sexos. Ora, o sexo é fixo e a idade não o é. Conserva-se o mesmo sexo durante toda a vida, mas muda-se constantemente de idade. Por outro lado, passa-se de uma idade para outra, de maneira insensível. Como poderia nascer uma consciência colectiva num grupo que perde de um ano para o outro a totalidade dos seus membros, para adquirir outros inteiramente novos? Por outro lado, como poderá, entre categorias tão vizinhas, estabelecer-se, mesmo por pouco tempo, no pensamento dos seus membros, uma distinção bem clara, sobretudo quando esse mesmo grupo compreende celibatários, pessoas casadas, e ainda quando o sexo, a situação social e o lugar de residência criam outras tantas separações?

Acabamos de falar das pirâmides de idades. Mas há já muito tempo, e ainda agora, em mais de uma casa aldeã, podem ver-se, penduradas em caixilhos nas paredes, ingénuas gravuras que representam *os graus das idades*, com legendas assim formuladas: «Aos quinze anos, idade feliz, em todos os jogos ele mete o nariz. – Aos vinte anos, de chapéu na mão, oferece à mulher o seu coração. – E se aos cem anos consegue chegar, implora a Deus para o não matar…» As idades indicadas pelos números dos anos limitam-se, aqui, a traduzir noções familiares a todos: a infância, a adolescência, a idade adulta, a maturidade, a velhice, a decrepitude. Grupos aparentemente imprecisos: no entanto, existem, e, apesar de variarem quanto à extensão, conforme as sociedades (uma mulher envelhece mais depressa no Oriente que no Ocidente, e, sem dúvida, mais depressa também nas classes inferiores, sobretudo no campo, que nas classes elevadas e nas cidades), não deixam, por isso, de ter o seu lugar, fixado e imutável, numa série que os compreende a todos. A maior parte dos homens, seja em que sociedade for, sentem que são membros, por um tempo apreciável, de um ou outro desses grupos. Em todo o caso, existe, em toda a parte, um grupo de jovens, um grupo de adultos, um grupo de velhos, engrenados uns nos outros, e que se sentem mais ou menos complementares, mas entre os quais, sob outros aspectos, há um antagonismo latente e como que uma luta surda, cada um deles defendendo os seus privilégios tradicionais, os seus direitos adquiridos ou reclamando o seu lugar ao sol.

Reconheçamos, agora, que não só o equilíbrio entre esses grupos, mas também a sua sucessão, o movimento pelo qual uma geração sucede à outra, não resulta somente, nem talvez sobretudo, de forças e de leis biológicas, mas da organização da sociedade. Porque os jovens, em virtude do excedente de forças físicas que sentem em si, se obedecessem aos seus impulsos naturais, e representando, de mais a mais, o maior número, seriam levados a eliminar os mais velhos, se o pudessem fazer. Estes, precisamente em virtude da sua fraqueza, do seu pequeno número, por egoísmo ou por medo, aproveitando-se, por outro lado, do facto de terem chegado primeiro, e servidos pela sua experiência, talvez pensassem em prevenir a agressão dos mais novos exterminando parte deles, ou afastando-os do seu grupo, enquanto ainda são muito novos para se defender. Os adolescentes e os velhos poderiam, também, unir-se para eliminar os adultos, que fazem sombra a uns e a outros. Mas a sociedade intervém, porque as crianças e os velhos lhes são tão necessários como os adultos. Se não houvesse o número suficiente de crianças, não teria a certeza de se perpetuar; se deixasse de haver velhos, ou pessoas idosas, a sua renovação teria um ritmo muito rápido. De qualquer forma, correria o risco de se anquilosar, se beneficiasse muito os mais velhos, e de perder a sua estabilidade se não opusesse uma barreira às ambições e aos apetites dos mais novos. É necessário que as gerações se renovem: é por isso que ela obriga os homens carregados de anos a ceder o seu lugar, na vida activa, aos que são mais capazes de actividade. Mas é preciso que essa renovação se opere com uma lentidão suficiente, para que a continuidade da vida social se não quebre: é por isso que os novos devem fazer os estágios necessários, e só avançar quando chegar a sua vez.

De resto, como veremos adiante, a distribuição das idades pode ser profundamente transformada, conforme o movimento dos nascimentos e dos óbitos. Mas a natalidade e a mortalidade dependem, em parte, de circunstâncias sociais. Desta maneira, a força da opinião, os costumes, as restrições colectivas, não têm só como efeito regular o comportamento das diversas categorias de idade. Modificam, também, a sua importância numérica relativa, quer dizer, a proporção das crianças, dos adultos e dos velhos, por meio de uma acção, indirecta é certo, cujo resultado é longínquo, e, por vezes, não foi procurado, nem previsto.

Capítulo II

Natalidade, Nupcialidade, Mortalidade

Os nascimentos não são o único meio para uma sociedade reparar ou renovar a sua substância. A família antiga aumentava também por adopção; as tribos, as cidades vitoriosas, durante muito tempo, incorporaram os povos vencidos; e há, finalmente, a emigração. Mas nós limitamos o nosso estudo ao movimento natural de uma população que supomos isolada: é necessário que ela tire do seu próprio seio os elementos vivos que substituirão os elementos que morrem.

O nascimento e a morte não são, todavia, dois fenómenos inversos um do outro. Em consequência de uma epidemia ou de uma guerra, as perdas (quer se trate somente de adultos, quer a guerra atinja todas as idades) não são exactamente compensadas por um igual número de nascimentos: porque nem todos os recém-nascidos atingirão a idade da reprodução, ou, se lá chegam, é depois de passados vinte anos. – O que há de comum entre os nascimentos e os óbitos, é que são acontecimentos que têm uma data e que só se produzem uma vez para cada homem. Mas ao passo que, para o indivíduo, o nascimento é um início e a morte um fim, sob o ponto de vista da sociedade, a natalidade e a mortalidade são funções que não marcam um princípio, nem um fim, mas que se exercem de maneira contínua, durante todo o tempo da duração do grupo.

Julga-se geralmente que, noutros tempos, muitas, ou até a maior parte das famílias, tinham muitos filhos, oito ou dez. Todavia, nas tribos não civilizadas, os antropologistas assinalam com tanta frequência a sua raridade como a sua abundância. Não se trata, portanto, de um fenómeno que corresponderia ao estado primitivo, ou ao mais próximo do estado de natureza. Por outro lado, a partir dos meados do século XVII (depois de John Graunt, em 1662), durante o século XVIII e uma grande parte do XIX, os demógrafos admitiram que havia somente uma média de quatro nascimentos por cada casamento. De onde provém, pois, esse mito da fertilidade das famílias nos tempos antigos? Segundo Kuczynski, de uma espécie de ilusão de óptica, que ele explica assim: «Suponhamos cinco irmãs casadas, que tenham, respectivamente, 12, 6, 4, 2 e 0 filhos. Apesar de só uma das cinco irmãs ter tido mais de 6 filhos, metade desses 24 filhos (que é o total), ou seja, 12, poderão, muito legitimamente, dizer que a sua mãe teve 12 filhos. E, apesar de uma das cinco irmãs não ter tido filhos, nenhum dos 24 filhos dirá que os seus pais não tinham filhos.» Ora, a que testemunho se há-de, mais tarde, recorrer, se não for ao deles? Os filhos de pais mais prolíficos são mais numerosos que os filhos de pais com poucos descendentes. É o que explica o facto de se encontrarem com frequência filhos e filhas com muitos irmãos e irmãs. Na realidade, o número dessas famílias chamadas numerosas, foi sempre restrito. – Kuczynski acrescenta que a nossa memória conserva mais fielmente a recordação de tios e de tias que nos proporcionaram muitos primos, que deixaram muitos netos, que a dos que morreram antes de nascermos, sem deixar filhos.

Se nos reportarmos, agora, às estatísticas, verificaremos, diz Kuczynski, que a fertilidade média na Europa ocidental, setentrional e meridional era, noutros tempos, muito menor do que geralmente se imagina. As mulheres com 8 filhos e mais, não passavam de uma pequena minoria, e as mulheres com mais de 5 filhos não eram, sem dúvida, mais numerosas do que as que tinham menos. A fertilidade era maior na Europa oriental, e, por exemplo, no Canadá francês. Talvez também na China, e em alguns outros países da Ásia, da América do Sul e do Centro.

Estas observações incidem sobre a fertilidade de uma população, que se calcula referindo o número de nascimentos aos casamentos. Voltaremos a tratar do casamento no capítulo seguinte. Por agora, encaremos, apenas, a população no seu conjunto, no quadro dos países. Examinemos as taxas de natalidade, quer dizer, o número dos nascimentos em relação ao total da população, em cada ano. Como poderão os países europeus (e também alguns outros) ser classificados, sob este aspecto, em 1935?

Dividem-se em três categorias (por cada 1000 habitantes, a taxa de natalidade varia, de um modo geral, entre 10 e 50),

1.º – Países de fraca natalidade: na Europa, a Inglaterra, os países escandinavos, a Finlândia, a Alemanha, a Áustria, a Bélgica, a Suíça e a França. Os países novos anglo-saxões, Austrália, Nova Zelândia e Estados Unidos, entrariam, agora, no mesmo grupo.

2.º – Países de natalidade média: a Itália, os Países-Baixos, a Checoslováquia, a Polónia, a Hungria, a Espanha e Portugal. Fora da Europa: o Canadá, a África do Norte e certas repúblicas sul-americanas: o Uruguai e a Argentina. Observemos, no entanto, que se manifesta uma resistência à descida da natalidade nos Países Baixos, na Itália, e nas províncias do Canadá onde a maior parte da população é de origem francesa.

3.º – Países de forte natalidade: são os países agrícolas do Este europeu: Jugoslávia, Roménia, Bulgária e Rússia; e também a maior parte dos países do Próximo e do Extremo Oriente, assim como os da América Latina. Acerca do clima, não dispomos de estatísticas suficientes. Na Rússia, os últimos resultados referem-se a 1928; mas a natalidade baixou, certamente, nas partes mais evoluídas da União Soviética: Ucrânia e as grandes cidades. Os povos do Oriente, Turcos, Egípcios, Árabes da Síria, da Palestina, e também da África do Norte, têm todos uma forte natalidade. Sucede o mesmo na Indochina, no Sião [Tailândia] e no Japão.

À primeira vista, os países de fraca natalidade pertencem a uma zona de civilização mais avançada, sobretudo urbana, zona contínua na Europa, cuja influência pôde exercer-se, a este respeito, sobre os Estados Unidos e Domínios Britânicos. No entanto, há vinte ou trinta anos, a classificação não era a mesma. A Alemanha e a Inglaterra tiveram aumentos consideráveis de população, num período em que já estavam cobertas de grandes cidades. A diminuição dos nascimentos começou, neste grupo, em França, a partir do início do século XIX, e estendeu-se, no fim do mesmo século, à maior parte dos países de civilização ocidental. Acrescentemos que este movimento pareceu ser mais acentuado nas classes sociais mais elevadas, e nas grandes cidades (onde elas, principalmente, residem) – apesar de inquéritos recentes, feitos em Estocolmo, e em toda a Suécia, parecerem conduzir a um resultado inteiramente oposto.

Corrado Gini julgou que este abaixamento de natalidade tinha causas biológicas. O poder de reprodução diminuiria em certos povos, porque o instinto correspondente teria, neles, enfraquecido: povos velhos, e já no declínio. Pretende-se, diz ele, que a restrição dos nascimentos tem todos os caracteres de um acto voluntário, como se os indivíduos tivessem aprendido a submeter o instinto à fiscalização dos motivos racionais. Segundo ele, se os homens se deixam guiar, neste domínio, pela razão, é porque, neles, o instinto perdeu a sua intensidade. Todos os povos percorreriam, em conclusão, uma curva, e como que um ciclo vital, da mocidade para a velhice. O mesmo aconteceria às classes sociais, especialmente às classes elevadas, que, depois de um período mais ou menos longo de crescimento e desenvolvimento, perderiam, pouco a pouco, o seu vigor fisiológico: entregues a si próprias, e se não fossem constantemente renovadas por correntes vindas das outras classes, cessariam de reproduzir-se. Nas grandes cidades, acrescenta Gini, apesar de conterem uma maior proporção de adultos, estes esgotam-se, sem a menor dúvida, muito mais depressa que no campo; se a redução dos nascimentos é, sobretudo, sensível nos centros urbanos, seria necessário explicá-la por um abaixamento de vitalidade biológica, nessas sociedades submetidas a condições de existência mais artificiais.

Não há qualquer razão para pensar que a fecundidade das mulheres, isto é, a faculdade de procriar, tenha diminuído. Quanto à fertilidade dos casamentos, segundo Kuczynski, em nenhum outro país, além da França, ela era mais fraca em 1870--1880 do que anteriormente. Por outro lado, como poderia declinar o instinto de reprodução tão bruscamente, numa classe inteira, em todo um povo? Sob a influência da vida social, esse instinto é, desde tenra idade, submetido à disciplina das leis e dos costumes, e só essa fiscalização é que pode ter variado.

Kuczynski diz-nos ainda que em Inglaterra, até 1870-1880, se pensava, geralmente, que as práticas anticoncepcionais só eram usadas pelas mulheres não casadas. O movimento neo--malthusiano principiou, no entanto, nesse país no início do século XIX (Francis Place, James Mill, etc.). Mas, durante muito tempo, os neo-malthusianos apresentaram-se como os membros pouco numerosos de uma seita que não se conformava com as prescrições da moral corrente. O mesmo autor cita um texto de Moheau (1778), do qual resultaria que o conhecimento desses meios preventivos tinha, nesse momento, penetrado na França até aos campos. Talvez ele vá um pouco longe ao afirmar que, nos meados do século XIX, «eram empregados pela maior parte das famílias francesas». Mas, de há cinquenta anos para cá [anos 30], o seu uso espalhou-se em quase todos os países habitados por uma população de raça branca, mais ou menos depressa, é verdade. Em alguns, especialmente na Alemanha, só depois da [Primeira] Guerra, mas então com extraordinária rapidez.

Seria impossível explicar por algumas iniciativas isoladas, e por uma série de imitações de indivíduo para indivíduo, esse movimento que atingiu tamanha amplitude. A restrição dos nascimentos é, inegavelmente, um fenómeno colectivo, que nos parece dever explicar-se, sobretudo, pelo desenvolvimento das grandes cidades.

Porque razão, nesse caso, se terá a França adiantado tanto, no tempo, a este respeito, aos outros países, e porque não terá a Alemanha seguido o mesmo caminho antes da guerra? Não devemos, contudo, esquecer que a França, no princípio do século XIX, era muito mais populosa que a Inglaterra, que a densidade da sua população era muito maior. Quanto à Alemanha, só a partir de 1880-1890 é que a sua evolução demográfica se desenhou e se desenvolveu em duas ou três décadas: ora, sem a menor dúvida, é preciso um certo tempo, quando uma população muda de estrutura, para que ela transforme também os seus costumes. Acrescentemos que a restrição dos nascimentos foi, num ou noutro ponto, de encontro a tradições e crenças morais que puderam opor-lhe uma maior ou menor resistência.

Admiramo-nos, por isso, que uma função que parece exercer-se sobretudo pela acção dos motivos sexuais, isto é, individuais, que uma actividade instintiva que nem sempre tem consciência da sua finalidade, nem das condições em que ela pode ser atingida com segurança, se preste assim a uma espécie de previsão e de fiscalização pela sociedade. É que o grupo dispõe de vários meios para aumentar o seu domínio sobre as acções, mesmo secretas, dos seus membros. Pode regular os seus actos levando-os a modificar os seus motivos. Uma certa forma de individualismo é, sem dúvida, a causa principal dessa conduta mais racional, que obriga os homens a limitar a sua descendência.

A população aumentou muito, é cada vez mais densa. Todos nós temos o sentimento desse fenómeno, sobretudo porque, nas últimas décadas, à medida que a população aumentava, os estabelecimentos urbanos tomavam ainda uma maior extensão relativa. Num meio humano em que o lugar é, dia a dia, mais restrito, não será natural que, como numa multidão, todos procurem fazer-se mais pequenos, e que, em especial, o grupo doméstico hesite mais em aumentar? – Consideremos, a este respeito, as classes sociais. Foi nos grupos socialmente mais elevados que primeiro se manifestou, e com maior intensidade, a disposição para limitar a descendência. Mas porquê? Aparentemente, para se manterem no mesmo nível social, eles e os seus descendentes: razões económicas. Mas vejamos, também, que as classes elevadas, nas nossas sociedades, são os grupos a que o espaço demográfico é mais medido e disputado. Com efeito, elas compreendem somente uma pequeníssima parte da população: é a raridade dos seus membros que os distingue dos outros. Todavia, há muitos elementos estranhos que se esforçam por penetrar nesse grupo. Representam como que cidades fechadas, onde o número de lugares é limitado, e às portas das quais há muito quem queira entrar e instalar-se. Elas experimentam, mais energicamente que as outras classes, um sentimento de apreensão, quando vêem o número das suas unidades aumentar com demasiada rapidez. Suponhamos agora que, aproximadas das outras no espaço, o intervalo moral entre elas diminui ao mesmo tempo que o intervalo físico. Então, as partes do corpo social mais vizinhas das classes elevadas tomam consciência, por sua vez, de estar compreendidas, juntamente com elas, numa zona limitada, onde a pressão que exerce qualquer novo acréscimo de população é sentida com mais força, e provoca as mesmas reacções.

Assim nasce aquilo a que podemos chamar o individualismo social, produto dos meios urbanos. Por seu intermédio ou por meio dele, a estrutura morfológica das grandes cidades e a influência que ela exerce sobre toda a população dos respectivos países basta para explicar o movimento dos nascimentos, que é um elemento dessa estrutura assim como dessa população. Veremos, por outro lado, que o estudo da mortalidade, e o da sua evolução neste período, nos conduz a uma conclusão do mesmo género.

Num país novo como os Estados Unidos, se o aumento natural (isto é, independentemente da emigração) foi muito elevado durante bastante tempo, não foi só por haver vastas regiões quase desabitadas. Mas os colonos, os pioneiros, os lavradores, estavam habituados a viver em pequenos grupos pouco densos. No dia em que certos estabelecimentos urbanos consideráveis absorveram uma parte crescente da população, os habitantes das cidades passaram a ter, pelo contrário, tendência para permanecer nelas. Foi menos a atracção dos espaços vagos, que a adaptação a uma forma de vida espalhada e dispersa, que deu lugar à habituação a uma estrutura mais concentrada da população. Mas foi a partir desse momento que, nessas novas formas de grandes cidades compactas, os homens, chocando-se uns com os outros com maior frequência, sentiram que, para ali permanecerem, tinham de se multiplicar muito menos. Sentimento que traduzia, talvez, uma reflexão económica um pouco confusa, mas que, em si mesmo, não passava de uma reacção instintiva em presença de uma nova estrutura da população.

Antes de estudar os óbitos, tratemos, resumidamente, dos casamentos, que só nos interessam, aqui, como condição mais frequente dos nascimentos.

Os casamentos não se distribuem igualmente por todos os meses do ano; há máximos: em França, dois máximos, um em Abril, na Primavera, próximo à Páscoa; outro em Outubro, após o regresso ao lar dos recrutas; – e três mínimos, um em Fevereiro-Março (fim do Inverno, Quaresma), e os outros, menos acentuados, em Julho-Agosto (período das ceifas), e Dezembro (princípio do Inverno). Disso resulta que, no movimento dos nascimentos, há dois máximos, no princípio e no meio do ano, em Janeiro e em Julho, sem que possa dizer-se que as condições de temperatura, extremas nesses meses, e em sentido inverso, tenham qualquer acção. Mas, como acabamos de ver, há condições sociais que explicam que os casamentos sejam mais numerosos nove meses mais cedo: influência que se exerce à distância, no tempo. – O número dos casamentos varia também (há muito tempo que isso se observou) com as circunstâncias económicas: diminui durante os anos de crise e aumenta com a prosperidade. Disso resultam variações correspondentes, mas retardadas, no número dos nascimentos, pelo menos dos nascimentos dos primeiros filhos (mas eles representam perto de metade dos recém-nascidos, ou seja 48%). Essas variações não se compreenderiam se tivéssemos em conta circunstâncias presentes (se, por exemplo, ligássemos, erradamente, um aumento de nascimentos a um ano de crise, que se seguisse a um ano de prosperidade). Por conseguinte, as causas sociais, que explicam o movimento dos nascimentos, só podem atingir-se remontando aos casamentos: dois aspectos de um todo indivisível.

Em que limites varia a nupcialidade, de um país para outro? O melhor seria, aqui, calcular o número dos casamentos em relação às pessoas em idade de casar: mas, nas estatísticas dos diversos países, não se define pela mesma forma a população matrimoniável. Calculemos, portanto, o número anual dos casamentos em relação a toda a população. Esse número varia, conforme os países, de 95 a 200 por 10 000 habitantes de todas as idades. O género de vida, o estado económico, as migrações, são as causas por meio das quais, geralmente, se explicam essas diferenças. Pobreza, emigração dos homens novos (é na Irlanda que a percentagem é mais baixa). Na Europa Central, os costumes favorecem os casamentos precoces: a mulher vive ainda num estado de dependência, e casa-se logo que atinge a nubilidade, para ser a criada da casa: na Jugoslávia, Bulgária, Roménia, Checoslováquia, Polónia, Hungria, as taxas de nupcialidade são muito elevadas. Nos países ricos da Europa Ocidental, entre outros a França, a Alemanha, a Bélgica, a Áustria, a Itália, a Inglaterra, a Suíça, as taxas são médias e muito aproximadas, o que é digno de nota e demonstra uma nítida semelhança dos costumes. Nos países do Norte, Suécia, Noruega, Finlândia, os casamentos são menos numerosos. Tudo isto de um modo muito geral: seria necessário, para fazer, com certo rigor, semelhante comparação, ter em conta a distribuição das idades e a proporção das mulheres e homens em idade de casar; voltaremos ao assunto no capítulo seguinte.

A idade no momento do casamento, a idade média em que se casa, não é a mesma em toda a parte: os limites inferiores legais, ou dos costumes, para o homem e para a mulher, são, em França, os 18 e os 15 anos, mas variam, conforme os países, dos 14 aos 21 anos para os homens e dos 12 aos 18 para as mulheres. Os casamentos são precoces (sem falar dos países orientais) na Irlanda, na Grécia, no Chile, na Austrália, na Nova Zelândia, na Áustria e na Espanha, e tardios nos países do Norte da Europa. Mas qual é a idade, já não diremos legal, mas média, em que se efectuam os casamentos? Na França, essa idade diminuiu acentuadamente da [Primeira] Guerra para cá. Os casamentos de pessoas novas, mesmo muito novas, multiplicaram-se. Os de rapazes de menos de 24 anos, com raparigas igualmente menores de 24 anos, eram, em 1931 o dobro de antes da guerra (como proporção): o mesmo aconteceu com os casamentos entre indivíduos menores de 20 anos. Isto doze anos depois da guerra. Mas vamos mais para trás. Outrora, em França, em 1853-
-1860, os homens casavam-se, idade média, aos 30 anos e 5 meses. Mais perto de nós, em 1913, 50 ou 55 anos mais tarde, aos 28 anos e 6 meses. E, em 1931, aos 26 anos e 7 meses. Isto significa uma diminuição, em 80 anos, de perto de 4 anos: a idade média do casamento, para os homens, nesse espaço de tempo, aproximou-se um terço do seu limite legal. Para as raparigas, a diminuição é menor, sem deixar de ser importante: 26 anos e um mês nos meados do último século, depois 24 anos e 3 meses, e agora, 23 anos e 4 meses. – Evolução contínua, e que podemos observar, igualmente, noutros países.

Razões económicas, talvez. Aumento da riqueza geral, dos rendimentos. Se, noutros tempos, muitos homens se casavam tarde, era por não disporem mais cedo de um rendimento suficientemente elevado para montar casa. Depois, os rendimentos médios aumentaram sensivelmente, e é provável que esse movimento se tenha acelerado depois da guerra. É uma das razões. Mas há, certamente, ainda outra coisa.

Com efeito, este resultado não pode deixar de ter qualquer relação com a baixa crescente da natalidade, em França, sobretudo desde os meados do século XIX, e na Europa desde 1880 aproximadamente. Tudo se passa como se, numa determinada população, só fosse possível a realização de um certo número, ou melhor, de uma determinada proporção de casamentos. Quando nascem muitas crianças, quando há muitas pessoas em idade de casar, nem todas podem constituir imediatamente um lar, muitas têm de esperar. Dá-se o inverso quando os nascimentos diminuem, quando é reduzido o número dos que estão em idade de casar. Então, podem constituir família mais cedo: a idade no momento do casamento tende a baixar. É verdade que a diminuição da mortalidade, de que falaremos a seguir, contrabalança, em parte, o efeito da diminuição dos nascimentos. É por isso que a idade média do casamento só baixa com lentidão. – Sucede, sem dúvida, coisa diversa nos países novos. Numa população menos densa, agrupada em estabelecimentos menos concentrados, há mais lugar para as novas famílias. Kuczynski diz-nos que Luís XIV impôs o pagamento de uma multa ou de uma taxa, no Canadá francês, aos pais que não casassem as filhas logo que elas atingissem a idade de 16 anos, e que, nessa época, eram frequentes aa mulheres canadianas já mães aos 14 e 15 anos. – Acrescentemos que, numa população em que as famílias tenham poucos filhos, a formação de uma nova família encontra, também, menos obstáculos, pois representa uma modificação menos importante na estrutura do grupo. Ainda aqui é o individualismo aquilo a que poderemos chamar o individualismo da família conjugal, que explica a multiplicação dos casamentos precoces. Disso deveria resultar uma renovação mais rápida das gerações, se não interviesse um novo factor: o abaixamento da mortalidade, que, reduzindo o espaço demográfico disponível, tende a diminuir a natalidade.

Todas as funções da sociedade se orientam para a vida e só para ela. O grupo não morre; são os seus membros, os indivíduos que, de tempos a tempos, se eliminam, e, desde que sejam substituídos, isso não é caso para preocupações. Pode aplicar-se à sociedade o que sempre se pensou dos deuses, isto é, que diferem, principalmente, dos homens por a morte não poder atingi-los. As necessidades da vida social impedem a humanidade de se sentir por muito tempo e gravemente atingida pelo luto, e de conservar, em seguida, constantemente presente no espírito a imagem dos desaparecidos

Mas a sociedade não se limita a distrair e afastar quanto possível o pensamento dos vivos de aquilo que não tem, realmente, qualquer influência sobre ela, isto é, das mortes individuais. Porque é também modificada, por várias maneiras, na sua estrutura, pelos óbitos em geral. Com a emigração, a mortalidade é uma das principais causas pelas quais se explica que uma população diminua, estacione ou aumente mais lentamente. Por outro lado, conforme os óbitos são mais ou menos numerosos, a sua estrutura modifica-se: o número dos viúvos e dos órfãos aumenta; aparecem novas famílias; certas categorias de idades reduzem-se relativamente; finalmente, a taxa de natalidade aumenta, se morrerem sobretudo pessoas de idade, reduz-se se a morte ferir, principalmente, homens e mulheres em idade de se reproduzir. A sociedade não se desinteressa de todas estas consequências, que a afectam para bem ou para mal. Porque é que, em certas tribos selvagens, eram mortos os velhos? Era necessário manter uma certa taxa de mortalidade, e até elevá-la, sem o que o grupo, obrigado a suportar ou a transportar consigo um peso morto, ficaria sobrecarregado e paralisado.

Numa sociedade em que os homens vivessem todos até à extrema velhice, a proporção das pessoas de idade seria tal, dentro dos aglomerados humanos, que encheriam as correntes de circulação, atrasariam o seu movimento, e ocupariam demasiados lugares reclamados por outros grupos mais activos. De resto, durante muito tempo, as sociedades não tinham como finalidade o aumento da duração média da vida. Viam nisso mais inconvenientes que vantagens. Sobretudo, não pensavam que pudessem fazê-lo. A luta organizada contra a morte é um fenómeno recente, pelo menos no grau que apresenta à observação de há algumas décadas para cá. E ainda essa luta se travou em benefício das categorias mais jovens da população.

Em certas sociedades foi possível criar-se a crença fatalista de que para cada homem, logo que nasce, é fixada a data da morte. Há, também, um fatalismo estatístico, que se baseia no facto de, observando uma população durante um período bastante longo, se julgar verificar que a mortalidade pouco se modificava. Quetelet dizia que essa espécie de orçamento parecia ser fixado por leis inelutáveis. Numa dada sociedade, é necessário que um certo número de homens, sempre o mesmo, desapareça em cada ano, como se um tirano invisível os fizesse sair das fileiras, ao acaso. Parece mais natural admitir que a morte fere de preferência os que são fisicamente mais fracos, os mais expostos, seja qual for a parte que, mesmo então, devamos entregar à sorte ou ao acaso. Mas haverá, na verdade, uma fatalidade biológica, em virtude da qual um grupo deve pagar em cada ano esse tributo, e a constituição ou o estado do corpo, especialmente a fragilidade das crianças e o enfraquecimento das pessoas idosas, serão, realmente, os únicos factores a intervir?

As primeiras sociedades de seguros de vida apareceram no século XVIII. Já nessa época se observara, baseando-se nas estatísticas dos óbitos, que a cada idade (em cada país) correspondia uma probabilidade de vida definida, e que era possível calcular. Com efeito, é um método grosseiro o que consiste em calcular a duração média da existência para uma população, abrangendo todas as idades. A idade média dos óbitos, em França, era só de 30 anos em 1850. Elevou-se a 40 anos em 1880, a 45 em 1900, e está, actualmente [finais de anos 30], perto dos 55 anos. Mas poucas pessoas morrem na idade média. Há uma forte mortalidade nas crianças de tenra idade, uma grande mortalidade nos velhos. O grande número de crianças que morre, baixa singularmente a idade média. – Joseph de Maistre, em busca de um novo argumento, bem científico e bem moderno, para defender a monarquia, tinha descoberto que a vida média dos reis de França era mais longa que a vida média do conjunto dos Franceses, apesar de todos os acidentes a que os soberanos têm estado sujeitos no decorrer dos séculos, o que não sucede ao comum dos mortais. Haveria neles, portanto, um princípio misterioso de resistência às causas de morte. Maistre, no entanto, não contava os filhos de reis mortos de tenra idade, ao passo que a duração média da vida, em toda a população, é calculada incluindo as crianças.

Qual será, portanto, nesta matéria, a influência da idade? A proporção dos óbitos, para as crianças com menos de um ano (em França), era de um quarto em 1820 e, actualmente [finais de anos 30], não chega a um décimo, 8 ou 9% nos rapazes e 6 ou 7% nas raparigas. Entre 1 e 4 anos, a mortalidade (para cada ano de idade), é ainda bastante elevada: 0,7%. Os falecimentos das crianças de tenra idade foram comparados às bolas perdidas num jogo, cujo número seria irredutível. A mortalidade infantil continua elevada. Mas não deixa, por isso, de ter diminuído muito.

A partir dos 4 anos, a proporção dos óbitos diminui rapidamente com a idade, e passa para um mínimo: 0,2%, por volta dos 15 anos. Aumenta em seguida, até a uma idade compreendida entre os 20 e os 25 anos: 0,4%; em seguida, o aumento diminui de intensidade, para depois se acelerar cada vez mais: dos 25 aos 34: 0,6%; dos 35 aos 44 anos: 0,7% (observemos que, nestas idades, os pais geram maior número de filhos: aproximadamente 70%, representando 100% o total dos nascimentos em cada ano). Dos 45 aos 54 anos: 1,2%; esta percentagem provocaria, se se aplicasse a todas as idades, a extinção total de uma geração em menos de 90 anos. A percentagem dobra dos 55 aos 64 anos: 2,4%; dobra ainda (e até um pouco mais) dos 65 aos 74 anos: 5,6%; se essa percentagem se aplicasse a todas as idades, uma geração desapareceria em menos de 20 anos.

Mas eis-nos chegados além do limiar da velhice, para além desse intervalo de 70 a 75 anos que, segundo afirmam muitos cultores da estatística, seria a duração normal e efectivamente a mais frequente da vida humana (porque, antes, morre-se menos, e se, depois, se morre mais, a proporção aplica-se apenas aos sobreviventes, quer dizer, a uma parte cada vez mais pequena da população inicial). Para além dele, a mortalidade aumenta rapidamente: a taxa não chega a triplicar, mas vai além do dobro, ao passar dos 75 aos 84 anos; e triplica mais uma vez, aproximadamente, acima dos 85 anos. Estas variações são pesadas. Mas são familiares aos homens. Quando duas pessoas da mesma família desaparecem no mesmo acidente, sem se poder saber se a morte de uma precedeu a da outra, os juristas admitem (é uma presunção legal) que a mais idosa morreu em primeiro lugar.

Ora a sociedade influi por duas maneiras sobre a mortalidade. Directamente, primeiro, procurando reduzir a mortalidade em certas idades. A mortalidade das crianças com menos de um ano, era, por vezes, superior a 300 por 1000. Na Inglaterra, entre 1838 e 1904, oscilou entre 130 a 164, sem que possa falar-se de uma tendência nítida em um ou em outro sentido. Em 1905, baixou, pela primeira vez, para menos de 130. De 1915 para cá, tem sido sempre inferior a 100, e, depois de 1921, está em menos de 80. Em 1935 foi apenas de 57. Por outro lado, um aumento da natalidade (que depende de factores sociais) pode modificar a distribuição das idades, de forma que triunfem os que estão menos expostos à morte: na Alemanha, por exemplo, a taxa (bruta) da mortalidade foi de 119, em 1925-27 (porque a proporção de gente jovem é, lá, muito grande), em vez de 171 na França. Mas se calcularmos taxas de, mortalidade rectificadas, supondo uma igual distribuição das idades (distribuição tipo) nos dois países, e tendo em conta a mortalidade por idades em cada um deles, encontramos para a Alemanha 126, e para a França 143. A diferença acentua-se, portanto, em consequência de uma diferente distribuição dos jovens, adultos, etc.

Consideremos, agora, que o número total de pessoas de raça branca no mundo se eleva hoje a 720 milhões aproximadamente, em vez de cerca de 155 milhões em 1770, o que significa que quase quintuplicou em 160 anos. Como se explica este enorme aumento? Segundo Kuczynski, quase exclusivamente pela diminuição da mortalidade. Porque não se encontra nas estatísticas qualquer prova concludente de ter havido um aumento de natalidade no período de 1750 a 1885 (depois do qual a natalidade principia a decrescer).

A vida provável ou a esperança de vida (duração que temos tantas probabilidades de atingir como de não atingir, idade que é atingida e ultrapassada por metade de 10 000 pessoas estudadas desde o nascimento), era de 35 anos na Suécia, em 1755--75, e provavelmente mais curta, então, na maior parte dos outros países europeus. Malthus, examinando os registos de óbitos da paróquia de Leyzin, na Suíça (que veio a ser, depois, um lugar reputado de sanatórios para tuberculosos), observou que num burgo «situado de maneira a gozar do ar mais puro», a vida provável (em 1766) «verificou-se atingir o número, verdadeiramente extraordinário, de 61 anos», em lugar de 27 em Génova. – Em 1840, a esperança de vida era: na Noruega, 46 anos; na Suécia, 44; na Inglaterra, 41; na França, 40; e menos ainda no resto da Europa. Em 1890: na Nova Zelândia, 58 anos; na Austrália, 53; na Suécia e Noruega, 52; na Dinamarca, 50; na Holanda, 48; na Bélgica e Suíça, 47; na Inglaterra e França, 46;

na Finlândia, 44; na Alemanha, 42; e na Rússia, 33. Em nenhum país atinge 60 anos, antes do século xx. É, actualmente [finais de anos 30], superior a 60 anos, na Dinamarca, Noruega e Suécia, nos Estados Unidos e na Nova Zelândia; em França, 64 anos; na Inglaterra, 67 anos; mais ainda na Nova Zelândia. – Assim se explica o extraordinário aumento de população que assinalámos.

«A mortalidade», diz-nos ainda Kuczynski, «foi reduzida sobretudo pelos progressos realizados em matéria de higiene e de medicina. Sem isso, a população branca, pelo menos na Europa, teria, sem dúvida, continuado a manter-se mais ou menos estacionária. Mas não é esta a única causa que explica que os nascimentos tenham sido mais numerosos que os mortos. As fomes, as guerras económicas, a redução dos nascimentos, teriam impedido o aumento da população, se não se tivesse produzido, ao mesmo tempo, uma revolução económica e técnica, que aumentou prodigiosamente os meios de subsistência na Europa, e, ao mesmo tempo, tornou possível a emigração de uma dúzia de milhões de Europeus para os Estados Unidos e para outros continentes.» De resto, estas duas espécies de influências estão certamente ligadas. A medicina e a higiene não teriam progredido tanto se a riqueza geral não tivesse aumentado, se o nível de vida não tivesse subido, se os homens não dispusessem de mais recursos e de mais tempo para consagrar um esforço suficiente a fins diferentes da aquisição do necessário: *primum vivere;* mas, em seguida, e logo que essa preocupação desaparece, *vitam extendere*. Mas, por outro lado, o progresso da riqueza só foi possível por um avanço das ciências e das técnicas, de que a medicina e a higiene são, apenas, um dos aspectos.

Conservemo-nos, todavia, no campo morfológico. A medicina e a higiene, auxiliadas por um saber mais exacto, isto é, hospitais, clínicas, mas também habitações mais salubres, a limpeza das ruas, os esgotos, a água potável: tudo isto só podia aparecer e desenvolver-se nas grandes cidades. Acrescentemos que a preocupação dessas medidas preventivas e curativas pressupunha um meio novo, liberto dos preconceitos dos campos e das vilórias, onde a propaganda dos médicos e dos higienistas, etc., pudesse organizar-se num terreno favorável, pela imprensa, pelas conferências, e até pela legislação. Quanto ao aumento da riqueza, teria ele sido possível a tal ponto e com semelhante ritmo, fora de meios sociais muito concentrados, nos quais a divisão do trabalho podia ser levada muito longe?

Os progressos da medicina e da higiene e o aumento da riqueza, são apenas meios, instrumentos, na luta contra a morte. Ainda era necessário que houvesse a vontade de travar e continuar essa luta, e de a organizar. Era preciso que se atribuísse mais valor ao indivíduo, à existência individual e ao seu prolongamento. É fácil compreender que este pensamento tenha tomado consistência sobretudo nesses meios urbanos compactos e complexos, cujos membros são, progressivamente, formados à imagem do todo, e têm, então, o sentimento de pertencer a uma parte mais evoluída da humanidade. A grande cidade, sujeita, por vezes, os seus habitantes, sobretudo aqueles que chama de fora, e que são numerosos, a uma rude prova, pela tensão que lhes impõe: reforma da sua natureza, que faz deles novos homens, pelas suas actividades, as suas necessidades, o ritmo mais precipitado da sua vida. Todo esse consumo de forças, da parte da cidade e da deles, não teria objecto, se ela não obtivesse deles que contribuíssem também para manter as suas funções o maior espaço de tempo possível, encorajando-os a conservarem-se a si próprios, a defenderem a sua vida e a prolongá-la. Individualismo, mas criado e mantido pelo próprio meio, e que está em conformidade com os seus fins.

De resto, a influência das grandes cidades, a este respeito, irradia e alarga-se à sua volta. Penetra nos meios cuja estrutura se aproxima da sua e onde não encontra estabelecimentos humanos constituídos segundo um outro tipo, ou solidários com regiões onde ele subsiste. Basta considerar a mortalidade em

França (taxas rectificadas, para eliminar a influência da distribuição das idades). A mancha negra principal, que corresponde à maior mortalidade, estende-se sobre a Normandia e a Bretanha. Morre-se também muito no Sena e no Sena-e-Oise, nas Bocas do Ródano, no Var, nos Baixos e Altos Alpes, na Alta-Sabóia. Sena, Sena-e-Oise e Bocas do Ródano, são departamentos muito urbanizados. Mas as grandes cidades nem sempre, nem imediatamente, conseguem encontrar a sua forma: conservam-se nelas zonas antigas, bairros de casebres pejados de gente, de ruas estreitas e sombrias; nelas se criam apressadamente subúrbios operários, que não são nem campo, nem cidade, e que acumulam as degradações e as taras de um e da outra. O essencial é que a maior mortalidade se estende sobre duas províncias muito vastas, a Bretanha e a Normandia, quer dizer, no Oeste, onde, ao contrário das regiões de Leste, a população está muito menos aglomerada, ou muito mais dispersa; são, como dizia Vidal de la Blache, os *camponeses*, por oposição aos *aldeões*. As próprias cidades, presas e como que abafadas no meio desses campos que se isolam das correntes da vida moderna, e que, mais que o resto da França, conservam a sua antiga estrutura material e social, constituem ilhéus de vida urbana, isolados e sem influência. Quanto aos departamentos do Var, dos Altos e Baixos-Alpes, da Sabóia, opõem-se claramente aos meios urbanos, porque não há neles grandes cidades, e porque a densidade da população é, lá, muito reduzida.

Comparemos agora estes dois grandes fenómenos: a grande diminuição da mortalidade, e a limitação crescente dos nascimentos, que se produziram simultaneamente em quase todos os países de população ou de origem europeia. Ambos eles nos parecem explicar-se pela nova estrutura dos estabelecimentos urbanos, pelas grandes cidades, sua multiplicação e extensão, e pela acção transformadora que, por outro lado, elas exercem sobre todo o país. Noutros tempos, a sociedade não hesitava em sacrificar os seus membros, porque não encontrava obstáculos à sua substituição: os óbitos eram mais frequentes, mas os nascimentos também. A renovação das gerações era, então, muito mais rápida. Hoje, a sociedade continua a interessar-se sobretudo por si mesma, mas, precisamente por isso, cada vez se desinteressa menos dos indivíduos, ou, pelo menos, tem interesse em que os indivíduos se preocupem cada vez mais com a sua saúde, em que o valor da existência individual seja cada vez mais apreciado.

É que, no quadro urbano, nesses vastos aglomerados de unidades humanas que só têm a ligá-las o facto de viverem muito aproximadas no espaço, as outras formas de agrupamento perdem cada vez mais a sua consistência. Toda a substância da sociedade se reduz, então, a indivíduos, que são ao mesmo tempo a sua obra e a sua imagem, e que representam para ela (pelo menos para os que nela estão fortemente integrados) um valor tanto maior, quanto maiores tenham sido os esforços, e longo o tempo por ela gasto, para os fazer tais como são.

Por outro lado, os homens, considerados isoladamente, multiplicam as suas relações e os seus contactos no espaço. Mas disso resulta que cada um deles toma, cada vez mais, consciência da sua individualidade. Precisam de salvaguardar a liberdade dos seus movimentos, a sua faculdade de participar pessoalmente em todas as actividades, constantemente mais latas e renovadas, da vida urbana, e são levados, por consequência, a tornar mais leve os seus encargos e peias, isto é, a limitar a sua descendência, tanto mais que o seu instinto e a sua previdência de pai ou de mãe lhes ordena, também, que concentrem os seus cuidados sobre um pequeno número de filhos. Mas também, visto que o seu objecto principal é desenvolverem-se a si mesmos, que sentido e que razão de ser conservaria, aos seus olhos, essa formação incessante, pelos *sports*, pelas viagens, por uma cultura especializada que reclama muito tempo e esforço, se a pessoa a quem tudo isso se refere, e que é quase a única a tirar proveito de tudo, não se preocupasse, antes de mais nada, em conservar-se, isto é, em durar?

Capítulo III

A Renovação das Gerações.
Reprodução e Vitalidade Demográfica

Casamentos e nascimentos de um lado, mortes do outro. Com estes dois dados, poderemos fazer uma ideia suficiente das tendências a que obedece uma população, supondo que nenhum movimento de migração dela faça sair, nem entrar, certos elementos? Era o que se pensava até há pouco, quando os trabalhos de Kuczynski e de Lotka puseram em relevo uma nova noção, a da *reprodução* de um grupo demográfico. À medida que as gerações se sucedem, uma determinada população, a de um país ou de um grupo de países, aumenta ou diminui, ou mantém-se no mesmo nível, isto é, reproduz-se, sem mais nada? É o que, quanto ao passado, nos ensinaram os sucessivos recenseamentos. Mas quanto ao futuro? Que factores precisaremos ainda de ter em conta, se não basta conhecer, em vista de semelhantes previsões, os movimentos da natalidade, da mortalidade, e a sua relação, ou aquilo a que, em cada ano, se chama o excedente dos nascimentos sobre os óbitos (ou o inverso)?

Muitos sociólogos e biologistas, diz Kuczynski, julgam que se pode medir a vitalidade de uma população (é outra maneira de designar o poder que um grupo tem de se reproduzir) comparando o número dos nascimentos com o número dos óbitos. Mas tomemos um exemplo perto de nós. A Inglaterra, em 1927, teve 655 000 nascimentos e 485 000 óbitos. Parece, à primeira vista, que um excedente de 170 000 nascimentos por ano deve ser o sintoma e a prova de uma forte vitalidade da população. No entanto, por mais incrível que isso pareça, 655 000 nascimentos, como em 1927, significam que, em média, cada mulher, durante toda a sua vida, só dá à luz dois filhos. Para que a população considerada se mantenha no seu nível, seria preciso que nenhuma dessas crianças morresse antes de haver atingido (e ultrapassado em alguns anos) a idade de ser pai ou mãe. Portanto, se a natalidade não voltar a aumentar, a população da Inglaterra está condenada a diminuir (até desaparecer: *to die out*), por mais que se faça descer o grau da mortalidade. Esta situação, acrescenta Kuczynski, não é característica só da Inglaterra. Sucede aproximadamente o mesmo na Alemanha. Em França, as perspectivas são um pouco mais favoráveis, mas muito pouco (porque a população francesa não aumentou, durante muito tempo, tão depressa como as outras: tem, por isso, menos dificuldade em se manter num nível que é baixo por comparação).

Como explicar que com um importante excedente anual dos nascimentos sobre os óbitos, a população da Inglaterra esteja a decrescer rapidamente? É necessário ter em conta a distribuição das idades. Com efeito, as mulheres não podem ser fecundadas em todas as idades, mas só entre os 15 e os 50 anos, e (em virtude da idade mínima habitual dos casamentos) mais entre os 20 e os 30 anos que no resto desse período.

Suponhamos que, em consequência de uma diminuição contínua da natalidade de há 20 ou 30 anos para cá, as categorias de idades inferiores a 20 anos estão relativamente muito diminuídas, em relação às idades de 20 a 30 anos e mais. Então, o número actual dos nascimentos, comparado com a população total, pode parecer elevado, por duas razões: 1.º – porque o denominador, isto é, a população total, está a diminuir há 20 ou 30 anos; 2.º – porque a categoria das mães em idade de ter filhos é anormalmente e temporariamente elevada (porque as classes de idades inferiores diminuem). Deixemos passar uma ou duas décadas: veremos que o número dos nascimentos diminui ainda mais sensivelmente, porque a categoria das mães em idade de ter filhos compreenderá um número de unidades muito inferior ao anterior, pois será, nesse momento, constituída por essas categorias de idades mais novas de hoje, que são tão reduzidas. Seria necessário, para haver, então, o mesmo número de crianças que hoje há, que cada uma dessas mães desse à luz mais filhos que as precedentes, para compensar a redução do número de mães. «Em 1934, havia em Inglaterra 4 710 100 raparigas com menos de 15 anos e 4 998 400 mulheres e raparigas de 15 a 30 anos. É evidente que, mesmo se todas as raparigas que têm, actualmente [finais de anos 30], menos de 15 anos, atingissem a idade da maternidade, não bastariam para substituir as que têm agora entre 15 e 30 anos.» – «Na população actual da Europa ocidental e setentrional, a proporção das mulheres em idade de ser mães é bastante elevada, e a proporção das crianças e dos velhos é bastante fraca.» É por isso que o número de nascimentos parece elevado. Mas já o não é se o compararmos com o número de mães, ou de mulheres em idade de ser mães.

Inversamente, dada a distribuição das idades na população da Europa ocidental e setentrional, o número dos óbitos parece aí mais pequeno que se o calculássemos (comparando-o com o que era noutros tempos) para uma certa idade. «A mortalidade é, em toda a parte, muito elevada entre as crianças de pouca idade e as pessoas idosas, ao passo que é praticamente sem valor dos 2 ou 3 anos até perto dos 50. A taxa de mortalidade deve, necessariamente, ser pouco elevada presentemente, visto ser muito pequeno o número das crianças e das pessoas idosas. Actualmente [finais de anos 30] não vai além de 13 por mil.

Mas é impossível que se mantenha tão baixa, porque é necessário ter em conta a mudança operada na distribuição das idades. «As pessoas entre os 15 e os 50 anos, agora em tão grande número, envelhecerão, e irão aumentar as categorias de idades nas quais a morte faz maior número de vítimas, ao passo que podemos prever desde já que o número actual de crianças é demasiadamente pequeno para poder, mais tarde, preencher suficientemente as categorias de idades que estão, relativamente, ao abrigo da morte.» A taxa actual de mortalidade de 13 por mil é, portanto, uma perfeita ilusão. A simples consideração lógica que se segue, demonstra que essa ilusão não pode durar muito. Será a mortalidade, realmente, de 13 por mil? Nesse caso 13/1000, ou 1/77, da população morrerá em cada ano. «Portanto, se essa taxa de mortalidade subsistisse durante várias décadas, teríamos de admitir que a duração média da vida é de 77 anos. Mas ela é, na realidade, muito inferior a esse número, em todos os países da Europa ocidental e setentrional. Mesmo na Dinamarca, onde a mortalidade é excepcionalmente baixa, a duração média da vida em 1921-1926 era apenas de 61 anos. Nesse período, no entanto, a taxa de mortalidade bruta descia a 11,3 mortos por 1000 habitantes.» Mas a taxa de mortalidade rectificada, calculada pelas tabelas de sobrevivência, era de 16,4 por 1000. Apliquemos a mesma correcção às taxas globais de mortalidade de outros países. Encontraremos, para a Inglaterra, em 1920-1921, a taxa de mortalidade rectificada de 17,3 por 1000 (em vez de 12,4); para a Escócia, em 1921, 18,3 por 1000 (em vez de 13,6); para a Alemanha, em 1921-1923, 18,7 (em vez de 14).

Em França, a diferença entre a taxa bruta e a taxa rectificada de mortalidade parece bastante pequena. É que o número dos nascimentos tem sido aproximadamente o mesmo durante os últimos quarenta anos, de forma que a proporção das diferentes idades nada tem mudado em França. A taxa global de mortalidade é relativamente elevada (17,2 em 1921-

-1920, e 17,5 em 1926), mas somente porque, em França, o número das pessoas de idade (as mais expostas à morte) é proporcionalmente maior que nos outros países (25% têm mais de 50 anos, em vez dos 20% do resto da Europa ocidental e setentrional). «Todavia, mesmo em França, a proporção das pessoas de idade é mais pequena do que seria, se a mortalidade das crianças de tenra idade fosse tão fraca como é hoje, quando nasceram essas pessoas que têm, agora, mais de 50 anos. Mesmo em França, a taxa de mortalidade rectificada é mais elevada que a taxa global.»

Em resumo, o excedente dos nascimentos sobre os óbitos só nos dá uma imagem exacta do aspecto da população quando, nesta, a distribuição das idades se mantém idêntica durante meio século, ou três quartos de século. Mas admitamos, como é o caso na maior parte da Europa ocidental e setentrional, que as categorias de idades que fornecem o maior número de nascimentos (e até a totalidade dos nascimentos), e, ao mesmo tempo, que estão menos expostas à morte, compreendem, temporariamente, uma grande parte (maior do que era antigamente e do que tão cedo não voltará a ser) da população total. Em tal caso, é perfeitamente normal que os nascimentos sejam em número acentuadamente maior que os falecimentos. Mas não é caso para se concluir que a população, num período um pouco extenso, vai manifestar uma tendência para aumentar. Porque, amanhã, as mulheres em idade de ser mães serão em menor número, e as pessoas mais expostas à morte estarão, certamente, mais expostas que hoje – e essa modificação na proporção das idades continuará, e até se agravará, pelo próprio facto de ter começado.

É o que veremos com maior clareza, se estudarmos os factos mais de perto, seguindo o curso das gerações, se procurarmos averiguar até que ponto uma delas, a que ocupa, actualmente, o melhor lugar, parece capaz de se reproduzir. Vejamos como Kuczynski consegue calcular aquilo a que chama a taxa de reprodução de uma população.

Tomemos, como exemplo, a Suécia. Se tivermos em consideração as taxas de fertilidade por idade (número de nascimentos por 1000 mulheres de determinada idade), tais, como foram calculadas em 1891-1900, veremos que 1000 mulheres chegadas à idade em que podem ser mães darão à luz, durante o seu período de fecundidade, 4134 crianças (incluindo os nado-mortos), se nenhuma de elas morrer antes de ter atravessado esse período (até aos 50 anos). Mas suponhamos ainda que, em mil raparigas tomadas ao nascer, nenhuma morre até aos 50 anos: darão à luz, também, 4134 filhos. Abstraímos completamente da mortalidade.

Limitemo-nos às raparigas, e afastemos os nados-mortos. O número total dos nascimentos em 1891-1900 foi de 1 374 118, tendo 1 338 726 nascido com vida e sendo 650 732 raparigas nascidas com vida. A fertilidade deve, portanto, ser reduzida na proporção de 600 732 : 1 374 118. O novo resultado: (4 134 × × 650 732) / 1 374 118 = 1957,8 representa o número total de nascimentos de raparigas para 1000 mulheres, em todo o seu período de fecundidade. É o que Kuczynski chama a *taxa bruta de reprodução*, calculada supondo que nenhuma das 1000 raparigas tomadas ao nascer morrerá antes dos 50 anos. – Essa, taxa era, na Inglaterra, de 1312 em 1921 e de 1079 em 1925; na Alemanha, de 2459 em 1881-1890; de 2126 em 1901-1912; e somente de 1132 em 1925; em França, de 1447 em 1892-1897, de 1232 em 1908-1913; de 1159 em 1922-1925. Mas ainda baixou mais de então para cá: é inferior a 1000 na Inglaterra e na Áustria desde 1926, na Alemanha e na Suécia, desde 1928, na Noruega desde 1931, e em França desde 1933. Por consequência, mesmo admitindo que, de 1000 raparigas que nascem, nenhuma morrerá antes dos 50 anos, elas não darão à luz, numa geração, 1000 raparigas, em todos esses países. Essa mesma taxa bruta é um pouco superior a 1000 na Dinamarca, na Checoslováquia, Hungria e Finlândia, nos Estados Unidos, na Austrália e na Nova Zelândia. É de 1400 no Canadá, de 1500 na

Itália, de 1600 na Polónia e Lituânia e de 1800 na Bulgária. Mas, mesmo nesses países, é inferior ao nível que atingia no começo do século na maior parte da Europa ocidental e setentrional.

Se, agora, tivermos em consideração a mortalidade, o quadro escurece ainda mais. É preciso, em primeiro lugar, determinar, com base na mortalidade actual, quantas, de 1000 raparigas que nascem, atingem a idade em que a mulher pode ser mãe, ou seja os 15 anos, quantas chegam aos 16, etc., quantas atingem 50 anos (o que é possível pelo estudo de uma tabela de sobrevivência) – e, em seguida, aplicar as taxas de fertilidade por idade, aos números assim obtidos.

Continuemos a tomar a Suécia como exemplo. O número de partos, para 1000 raparigas nascidas com vida, foi de 2987 em 1891-1900. Este resultado revela a influência da mortalidade das raparigas e mulheres até aos 50 anos. Visto que os 1 354 225 partos que se produziram neste período deram 650 732 raparigas vivas, o *stock* original de 1000 raparigas tomadas ao nascer produziu: (2 987 × 650 732) / 1 354 225 = 1 435 raparigas.

Portanto, 43,5% mais do que o necessário para manter a população no seu nível. 1435 representa aquilo a que Kuczynski chama *a taxa líquida de reprodução*. Por conseguinte, o número que encontramos, quando calculamos a taxa bruta (sem tomar em consideração os mortos), ou seja 1958, deve ser reduzido a 1435. «Se a fertilidade e a mortalidade se mantivessem iguais, as 1435 raparigas sobreviventes dariam origem a 1435 × 1,958 raparigas, daí 1,435 / 1,958 sobreviveriam, isto é: 1435 × 1,435 = 2060. E assim por diante. A população duplicaria em duas gerações.

Vê-se, então, que a taxa líquida de reprodução era, na Inglaterra, de 1087 em 1921 e somente de 880 em 1926 (1000 raparigas dariam à luz só 880 raparigas); na Alemanha, de 1512 em 1890-1900 (duplicação em duas gerações) e de 830 em 1927; em França, de 979 em 1898-1903, de 937 em 1922-1925 e de 910 em 1927. De uma maneira geral, na maior parte dos países da

Europa ocidental e setentrional, em 1880-1890, o número total das crianças (rapazes e raparigas) que cada mulher dava à luz desde que nascia até aos 50 anos, e que, por sua vez, tinham filhos, era, em média, de 3, o que permitia dobrar a população em duas gerações; só de 2 em França, o que assegurava, à justa, a manutenção da população no seu nível. Diversamente aconteceu em 1926. A taxa líquida de reprodução era de 1,1 na Dinamarca e na Finlândia, mas inferior a 1,0 na França, Suécia, Inglaterra e Alemanha. Isto significa, portanto, que, em todos os grandes países da Europa ocidental e setentrional, a população não pode continuar a manter-se no seu nível anterior, mais do que isso, que entrou e é arrastada num movimento de diminuição infinita: porque se 1000 raparigas só dão à luz 800 raparigas ao fim de uma geração, estas a 650 (aproximadamente e em igualdade de circunstâncias) ao fim da segunda, e estas a 525, teremos, em três gerações, uma redução de metade: bastarão mais cinco ou seis gerações para que às 1000 raparigas do princípio não corresponda mais que uma centena.

É verdade que a fertilidade e a mortalidade podem mudar. Enid Charles supõe que, na Inglaterra, a fertilidade (a partir de 1934) será de novo igual à de 1931, isto é, 10% mais elevada que em 1933, e que a mortalidade, no decurso dos próximos 15 anos, será reduzida cerca de três quartos para as crianças, e de perto de metade em todos os grupos de idades de 1 a 70 anos, para não mudar mais, ao fim desses quinze anos. Nessa hipótese, a população continuaria a aumentar até 1962. Então, as taxas de natalidade e de mortalidade seriam, ambas, de 12,7. A partir desse momento, as mortes excederiam os nascimentos. Finalmente, a taxa de natalidade seria de 12,1 e a taxa de mortalidade de 16,5. «Podemos admirarmos», diz Kuczynski, «de que com um aumento de fertilidade de 10%, e uma redução para metade da mortalidade abaixo dos 70 anos, a taxa final de natalidade seja apenas 9% mais elevada do que se a fertilidade e a mortalidade não se tivessem alterado. É que, em consequência de uma descida tão grande da mortalidade, as categorias idosas passariam a ser tão numerosas, que a proporção das mulheres em idade de ser mães diminuiria muito.»

Não se deve, portanto, esperar muito, em vista de um acréscimo da taxa líquida de reprodução para uma determinada população, de um novo abaixamento da mortalidade. Em primeiro lugar, nos países da Europa ocidental e setentrional, o maior número das mortes produz-se entre as pessoas com mais de 50 anos. Ora, as mulheres dessas idades não desempenham qualquer papel na reprodução. Mas, por outro lado, nesses países também, a mortalidade das mulheres com menos de 50 anos tem sido reduzida, há algumas décadas, a tal ponto que resta pouca margem para uma nova diminuição. Em Inglaterra, segundo a mortalidade de 1933, de 1000 raparigas que nascem, 907 atingem a idade de 15 anos e 788 a idade de 50 anos. Os números correspondentes, na Nova Zelândia, eram de 956 e 863. Se nenhuma dessas 1000 raparigas morresse antes dos 50 anos, chegadas a essa idade todas elas teriam vivido, em média, durante um espaço de 35 anos, depois de terem chegado aos 15 anos. Segundo a mortalidade de 1933, a média era de 30 anos em Inglaterra e de um pouco mais que 32 anos na Nova Zelândia. Nos países em que a mortalidade abaixo dos 50 anos é ainda elevada, seria possível, reduzindo-a, aumentar a taxa líquida de reprodução. Mas já não é esse o caso para a maior parte dos países da Europa ocidental e setentrional.

Resta-nos, portanto, como factor possível de crescimento, um aumento de nascimentos. Em primeiro lugar, pela multiplicação dos casamentos. Mas poderão eles ser multiplicados a tal ponto? Consideremos a proporção das raparigas solteiras, entre as mulheres de 40 a 45 anos. Variava entre 1,3% na Bulgária e 26,2 na Irlanda do Norte (em 1926). Era de 9,3 nos Estados Unidos (1930), de 11,4 na Alemanha (1925) como em França (1926), de 17,5 na Inglaterra (1931), e de 23,9 na Suécia (1931). No conjunto da Europa ocidental e setentrional, aproximadamente uma sétima parte de todas as raparigas. – Suponhamos que todas as raparigas se casam. A taxa bruta de reprodução (calculada sem ter em consideração a mortalidade) aumentará na mesma proporção que o número das raparigas casadas, isto é, de 0,9 para 1,05? Não, porque um certo número de filhos ilegítimos de raparigas solteiras desapareceria, ao mesmo tempo que apareceria um número igual de filhos legítimos das mesmas raparigas, que estariam casadas. Em países como a França e a Alemanha, onde há muitos filhos ilegítimos, a taxa de reprodução em relação ao total da população não aumentaria. – Suponhamos, então, que os casamentos são contraídos numa idade mais precoce. Ainda neste caso, já vimos que a margem diminui, visto que, de há cinquenta ou sessenta anos para cá, a idade média do casamento diminuiu sensivelmente. Em todo o caso, ainda podia diminuir mais um pouco. O problema está em saber se os casamentos precoces dão, no total, mais filhos. Mas uma mulher que tem filhos cedo, a partir dos 15 anos, não deixará de procriar mais cedo que outra que tenha começado mais tarde? «De duas mulheres igualmente fecundas», diz Kuczynski, «que nada fazem para evitar a concepção e que têm relações sexuais com homens capazes de procriar, uma a partir dos 17 anos e a outra a partir dos 25, a primeira terá filhos durante um período mais longo que a segunda, mas a diferença não será de oito anos: a primeira terá, talvez, o seu último filho aos 42 anos, e a segunda aos 47». – Por conseguinte, nem o aumento do número dos casamentos, nem o abaixamento da idade média em que eles são contraídos, bastará para elevar sensivelmente a taxa líquida ou bruta de reprodução, num determinado grupo.

O único meio para as populações da Europa ocidental e setentrional manterem o mesmo nível de população, ou aumentá-lo, num período de tempo bastante longo, seria um aumento da fertilidade. Mas devemos compreender que, em virtude da distribuição das idades nesses países, tal como resulta, ao mesmo tempo, da diminuição observada há várias décadas, da natalidade e da mortalidade, esse aumento de fertilidade deveria ser considerável, visto que a proporção das raparigas em idade de ser mães será, nas próximas décadas, cada vez mais reduzida.

O valor desta análise está em apresentar o problema da população em termos puramente morfológicos. Coloca em primeiro plano a distribuição das idades, que resulta, sem dúvida, da natalidade e da mortalidade, mas que as condiciona, e permite, assim, definir um certo número de estruturas demográficas.

Essas estruturas, com efeito, como mostrou Lotka, podem distinguir-se conforme tendem para uma ou outra distribuição – limite dos grupos de idades. Essa distribuição limite é a de uma população considerada estável. Isto significa que, em cada ano, a população de cada idade, assim como total geral, aumenta ou diminui na mesma proporção: $1 + r$ (sendo r a taxa anual de crescimento). Sucede o mesmo com o número de nascimentos e de óbitos. A distribuição por idades para 1000 habitantes, varia sempre no mesmo sentido (ou mantém-se constante), assim como as taxas de natalidade, de mortalidade, de reprodução. – Quando o número r é nulo, a população mantém-se invariável, tanto em grandeza como em proporção. Considera-se, então, estacionária. A sua distribuição é apresentada pela respectiva tabela de sobrevivência (calculada para o presente). Assim, uma população em estado de equilíbrio (r nulo) tende a aproximar-se da sua tabela de sobrevivência. Se r é negativo, a sua distribuição difere da tabela de sobrevivência; acima de uma certa idade, os números são mais elevados, abaixo dela são mais baixos. Tudo, então, se passa como se fossem deixados espaços em vago na população mais nova, como se ela fosse, em parte, dizimada, e o inverso na população mais idosa. Se r é positivo, observa-se o fenómeno contrário. No primeiro caso, a população é regressiva e tende para uma distribuição limite de população velha. No segundo caso, é progressiva, e a sua distribuição limite é a de uma população jovem. – Com efeito, poderíamos encontrar, na realidade contemporânea, e remontando o curso da história meio século ou um século atrás, mais de um país a que se aplicariam essas fórmulas, de maneira mais ou menos aproximada. É um progresso, em demografia, ter posto assim em destaque a influência da mortalidade e da natalidade sobre a distribuição das idades, e inversamente.

Sentimos, no entanto, que esta visão é ainda muito abstracta. Qualquer população humana deve ser de novo colocada num meio ao mesmo tempo social e material. Mesmo se considerarmos só o ponto de vista estritamente demográfico e visto a fertilidade parecer, realmente, ser o factor essencial da reprodução, é necessário ter em conta certas forças, que tendem a aumentar ou a manter no seu nível a natalidade, e as que se lhes opõem. Um país é formado por diversos elementos: cidades, aldeias, classes sociais, etc., que lhe sofrem desigualmente a acção. Já mostramos, nos capítulos precedentes, que o sexo, a idade, a mortalidade e a natalidade não são fenómenos simplesmente vitais, e que aqui, como em muitos outros domínios, baseando-se em dados orgânicos, o grupo determina uma ordem completa de reacções colectivas que não se compreenderiam sem o considerarmos em conjunto, e nas suas relações com os outros. Da noção estrita de estruturas demográficas, no sentido em que ela é tomada por aqueles que insistem sobre a importância da distribuição das idades, é preciso, portanto, que nos elevemos à das formas da população, naquilo em que elas exprimem, à sua maneira, as condições económicas e sociais, que tanto podem ser obstáculos como incitamentos ao seu crescimento.

Capítulo IV

A População e as Subsistências

Precisamente como um organismo animal, o organismo social não pode subsistir, nem desenvolver-se, se não encontrar sobre o solo, ou não conseguir extrair dele, alimentos em quantidade suficiente, e sem dúvida ainda muitas outras coisas. Para acabar o estudo da população, vamos encará-la sob este novo e último aspecto. Malthus, há mais de um século, estudou profundamente o problema das relações entre a população e as subsistências. Mas apresentou-o em termos em demasia exclusivamente físicos e biológicos. Tentaremos ir além de esse ponto de vista, traduzindo em termos económicos primeiro, depois em termos morfológicos, as contradições e limitações que ele assinalou.

Recordemos, portanto, que, segundo Malthus, se a população não fosse detida por nenhum obstáculo, duplicaria em cada vinte e cinco anos, e cresceria de período em período segundo uma progressão geométrica. Se não houvesse qualquer outra planta, e semeássemos funcho em certo campo, dentro em breve a terra estaria coberta de funcho. Se a Terra, à excepção da Inglaterra, fosse desabitada, toda a Terra estaria, em breve, coberta de Ingleses. O número de 25 anos foi sugerido a Malthus pelo exemplo dos Estados do Norte da América, onde se constatou (nessa época) que durante mais de século e meio a população dobrou em cada 25 anos (no período puramente rural do país, o tempo necessário para a duplicação reduzira-se até a 15 anos). Quanto aos meios de subsistência, consideremos o estado actual da terra habitada: «nas circunstâncias mais favoráveis à indústria», nunca eles poderão aumentar mais rapidamente que segundo uma progressão aritmética. Isto quer dizer: pela adição de uma quantidade fixa, sempre a mesma, em cada novo período igual.

Se aproximarmos estas duas proposições, vemos imediatamente o que resulta. Imaginemos a Inglaterra, com 11 milhões de habitantes: o produto do solo basta para os alimentará. Passam 25 anos. A população dobrou, é de 22 milhões. Admitamos que, nesse período, se conseguiu aumentar as subsistências em quantidade igual à primitiva: ainda são suficientes. Novo período de 25 anos. A população duplica de novo, e eleva-se a 44 milhões. Mas, do lado das subsistências, tudo o que é possível obter da terra é que ela aumente a sua produção com uma quantidade fixa igual à anterior. Assim, a população passou de 11 milhões a 22, depois a 44; e as subsistências, de 1 (suficiente para 11 milhões de homens) para 2, depois para 3, quer dizer, são apenas suficientes para 33 milhões de habitantes. O que acontece ao excedente de 11 milhões? No fim do primeiro século, o desacordo será ainda mais grave: 176 milhões de habitantes, e produtos suficientes para 55 milhões somente. 121 milhões de homens vão ser obrigados a morrer de fome.

É certo que todos esses homens que constituem o excedente não viverão; são homens-fantasmas, que não têm o direito de viver. No entanto, Malthus admite que eles nasceram, mas que foram eliminados; ou que, se não nasceram, deviam ter nascido, se as coisas houvessem seguido o seu curso natural. É que a população depara com diversos obstáculos. Uns evitam o seu aumento (no que ultrapassa as subsistências), e os outros destroem-no à medida que ele se forma. Obstáculos privativos (ou preventivos) e destrutivos. Os primeiros são voluntários e característicos da espécie humana: se o homem sabe que não poderá sustentar os seus filhos, a sua família, ou não se casa ou só se casa numa idade avançada. Acrescentemos a dissolução dos costumes e a prostituição, visto que, das relações extra-conjugais, ou nascem menos filhos ou nascem filhos com menos probabilidades de viver. Os segundos compreendem todas as causas que têm como efeito reduzir a duração normal da vida: ocupações insalubres, trabalhos rudes ou excessivos, extrema pobreza, e, sobretudo, as doenças, as epidemias, a peste, a guerra e a fome: em duas palavras, a miséria e a morte.

Seja, portanto, como for, o certo é que a população adapta-se à alimentação. Seria preferível que fosse por previdência, em vez de se expor a todos esses males e sofrimentos. Infelizmente, no decurso dos séculos precedentes e até hoje, é a guerra e é a fome que parecem, realmente, ter mantido as populações ao nível dos seus fracos meios de subsistência. Sempre tem havido um movimento de oscilação, para cá e para lá do limite que representam os alimentos disponíveis. É porque a população tende, constantemente, a ultrapassar esse limite que, também constantemente, ela é reduzida pela acção das forças destrutivas de forma a não o atingir.

Malthus declara, no entanto, que não é um inimigo da população. Se a intenção do criador foi povoar a terra, isso obrigou-o a dar à população um aumento mais rápido que aos alimentos. Se assim não fosse, como os homens têm uma natural tendência para a preguiça e para o repouso, dispondo de mais do que necessitavam, não teriam feito o menor esforço para aumentar as culturas, etc., e a terra não teria podido povoar-se. – Mas, visto que a população tende constantemente a ultrapassar o nível das subsistências, devemos deixar-lhe o campo aberto? Será esse o melhor meio de obter que, mais tarde, os alimentos aumentem? Por forma alguma. Com efeito, deve evitar-se que a população desanime (como sucederia nessas condições) pelo sentimento de que todos os seus esforços são inúteis e que está definitivamente condenada à miséria sem esperança. Isso não acontecerá, se houver o cuidado de manter a população ligeiramente abaixo desse nível. Então ela terá um estímulo, porque sentirá que, se não fizer um esforço para as aumentar, as subsistências irão faltar-lhe. Mas não desanimará, pois não deixará de ter esperança, sentindo-se livre da miséria. – É por isso que Malthus diz que não lhe custa a conceber que a Inglaterra, por exemplo, possa, no decurso de alguns séculos, conter o dobro ou o triplo da sua população actual, e que, no entanto, os indivíduos sejam mais bem alimentados e andem mais bem vestidos do que actualmente. Na realidade, em menos de um século, de Malthus para cá, a população da Inglaterra triplicou. Mas ele não se enganava: tudo parece ter-se passado como se os alimentos disponíveis tivessem sido sempre um pouco mais do que suficientes para manter a actual população, e como se esta só tivesse crescido à medida que ia criando, pelo seu esforço, um excedente de subsistências.

Teoria de conjunto da população, que é, ao mesmo tempo, simples e impressionante. Pode objectar-se-lhe que assenta inteiramente sobre a oposição entre dois termos, que só encara na sua natureza física ou fisiológica: por um lado, a fecundidade dos homens, e por outro lado, o rendimento da terra. Poderemos, realmente, contentar-nos com isso? E poderemos, por outro lado, definir e conceber um desses dois termos, abstraindo completamente do outro?

A população, quando nenhum obstáculo a detém... O obstáculo, aqui, seria a limitação das subsistências. Não devemos, por isso, colocar-nos muito perto do estado de natureza. O próprio Malthus nos diz que entre os peles-vermelhas, forçados a uma vida muito dura, pela necessidade de caçar com instrumentos imperfeitos, ao mesmo tempo que as próprias mulheres são encarregadas de trabalhos muito fatigantes, as relações conjugais são bastante reduzidas, e assim se explica que essas populações nada tenham aumentado. Imaginemos, em vez disso, quanto às subsistências, as condições mais favoráveis, uma sociedade organizada para aumentar indefinidamente o produto da terra. Mas num meio dessa ordem, como supor que não surjam outros obstáculos, resultantes do regime de propriedade, dos costumes e das leis que regulam o casamento, da reflexão e da prudência que ela aconselha? Numa sociedade de homens é, certamente, contraditório que o instinto de reprodução seja assim estimulado, sem ir de encontro a obstáculos nascidos da própria sociedade.

Quanto às subsistências, quer dizer, aos produtos do solo, são animais ou vegetais, isto é, organismos vivos, como os homens. Porque não hão-de eles aumentar também segundo uma progressão geométrica? O espaço está-lhes limitado? Mas também o está para os homens. No estado de natureza, a luta pela vida e pelo espaço é igualmente intensa em todas as espécies. Malthus, é certo, coloca-se fora do estado de natureza. A agricultura, a lavoura, a pastorícia, supõem uma população que trabalhe o solo, seleccione as plantas e os animais. Partiremos de um estado de adaptação, já realizado, entre o homem e os produtos da terra. O aumento desses produtos só poderá resultar do trabalho dos homens, com a sua técnica, sobre o solo agora explorado. Os economistas do tempo de Malthus demonstraram que, com efeito, nessas condições, se aplicarmos mais trabalho à mesma terra, o rendimento não aumentará na mesma proporção. Mas a terra cultivada nessa época representava apenas uma pequena parte de toda a terra cultivável. E além disso, quem pode garantir que, com o aumento da população, não melhore também a técnica, quanto a máquinas e a adubações? Acrescentemos que, nos tempos de Malthus, os transportes estavam pouco desenvolvidos, a ponto de os homens se verem reduzidos ao que podiam produzir na própria terra que ocupavam. A situação modificou-se quando as regiões mais povoadas puderam ser abastecidas pelas que o eram menos. Houve, evidentemente, períodos, no decorrer dos séculos XIX e XX, durante os quais, em consequência da extensão das relações entre regiões afastadas, a quantidade dos produtos da terra aumentou segundo uma progressão quase geométrica.

Mas, sobretudo, Malthus encara a hipótese de cada homem tirar directamente da terra aquilo de que necessita para se alimentar. Consideremos, no entanto, o mundo real dos agrupamentos humanos. Um grupo tem ainda outros dois meios para obter víveres. – Em primeiro lugar, pode apoderar-se deles à força, tirá-los a quem os produziu. O que pode significar, para as tribos que virem da conquista e da pilhagem, a relação entre a população e os produtos do solo? É muitas vezes, para um grupo deste género, uma questão de vida ou de morte, aumentar muito mais do que permitiria a extensão limitada da terra por ele ocupada. É o meio de ser mais forte que os outros grupos vizinhos, nómadas também, ou sedentários, e de se apoderar do seu trigo e dos seus rebanhos. Em tal caso, o instinto da reprodução não é limitado pela fecundidade da terra, mas pela capacidade que têm certos grupos para ir buscar os produtos de que necessitam ao lugar onde os encontram: é a organização social, as relações entre sociedades, que passam para o primeiro plano.

O segundo meio de obter o que não se produz, é a troca: a troca de produtos industriais por produtos agrícolas. Ainda aqui, que significação pode ter a relação entre a população e os produtos do seu solo, nas sociedades industriais que vivem da troca? Necessitam de dispor de uma mão-de-obra considerável, quando é certo que a sua base agrícola é muito pequena. Poderão, assim, dominar economicamente regiões cada vez mais extensas de agricultores, que lhes fornecerão géneros alimentícios em quantidades sempre crescentes, como se os tivessem obtido por conquista.

Por consequência, a população não é uma simples quantidade física, um certo número de organismos, que tendem a multiplicar-se dominados por forças puramente biológicas, colocados em presença dos produtos de uma terra cujo rendimento é limitado. É, antes, um conjunto de grupos sociais, que participam desigualmente das subsistências, conforme as suas possibilidades de aquisição, guerreiras, por exemplo, ou económicas. E o que representa a procura, no mercado dos produtos, resulta, não do número dos homens, mas do número dos homens que são capazes de adquirir, por conquista ou por compra. Identicamente, e do lado da oferta, ou dos bens disponíveis, é preciso considerar, não o que a terra produz ou poderia produzir, mas quais são os produtos da terra que podem encontrar compradores, isto é, consumidores que paguem o produto pelo seu preço.

Limitemo-nos às subsistências, no sentido estrito em que Malthus as encara; os produtos alimentares, em primeiro lugar o trigo. Evidentemente, há anos em que, por razões climatéricas, chuva, secas, a colheita não será suficiente para alimentar todos os habitantes da terra. Mas quem comerá o trigo disponível? Os que podem pagá-lo. Ora, num país como a Inglaterra, de população muito numerosa e densa, graças ao desenvolvimento industrial o poder de compra dos operários será, talvez, suficiente para que eles comprem trigo. A sua superioridade a este respeito será baseada no seu número. A população dos países produtores de trigo deverá limitar-se, e passará mais fome. Essa população pode ser pouco numerosa, mas não tem um poder de compra suficiente. Inversamente, noutros anos, em que as condições físicas são favoráveis, os habitantes agrícolas não aumentarão a sua produção, como poderiam fazê-lo, sem terem a certeza de vender o seu trigo, se não houver mercado ou se os transportes forem muito caros. O que limitará a oferta será, não o rendimento da terra, mas a possibilidade de trocar os seus produtos a um preço que cubra o custo de produção.

Somos, assim, transportados para o plano económico. Os termos que se opõem já não são o aumento da população e a fecundidade da terra, mas a oferta e a procura. Suponhamos, agora, que os produtos apresentados no mercado são em quantidade superior ao montante das compras que deles podem ser feitas, que a oferta é maior que a procura. Então os preços baixam e o poder de compra dos salários aumenta. Será por ter aumentado a fecundidade da terra? Não. É a agricultura, é a indústria, é a organização económica que ultrapassou o seu fim, que consiste em conter a produção dentro de limites convenientes, a fim de vender por um preço suficientemente elevado para cobrir o custo do produto. Suponhamos, agora, que os compradores se dirigem todos de uma vez ao mercado, de forma que, em breve, a procura é maior que a oferta. Os preços subirão, o poder de compra dos salários diminuirá. Significa isso que a população tenha aumentado, que o instinto de reprodução não foi suficientemente controlado? Também não. Mas os compradores, pelo menos alguns deles, foram além do seu fim, que é manter os preços num nível que não seja superior aos seus rendimentos.

O quadro é, sem dúvida, ainda mais complicado. É preciso ter em conta que, se a oferta de produtos é superior à procura, a procura de mão-de-obra diminui, e os salários baixam; se a oferta é inferior à procura, a procura de mão-de-obra aumenta e os salários sobem. Em qualquer dos casos, se a situação da classe mais numerosa melhora, os operários podem mais facilmente sustentar uma família, a natalidade aumenta, ao mesmo tempo que, com o aumento do bem-estar, a mortalidade diminui. Inversamente, se a miséria aumenta, a mortalidade aumenta também, e os nascimentos diminuem. Os movimentos da natalidade, da mortalidade e da nupcialidade explicar-se-iam, portanto, pelos movimentos dos preços e dos salários. A ciência da população deixaria de confundir-se com a fisiologia animal e vegetal: mas ligar-se-ia estreitamente à ciência económica, de que passaria a ser uma parte.

No entanto, como resulta claramente de tudo o que atrás expusemos, os fenómenos de população têm a sua natureza especial, e devem ser considerados em si mesmos, independentemente de todos os outros. Não resultam da intervenção de forças físicas e fisiológicas, como julgava Malthus. São fenómenos sociais. Mas também não resultam, simplesmente, da organização económica, que, pelo contrário, assenta sobre eles e não poderia realizar-se e desenvolver-se num terreno que eles não tivessem preparado para ela.

O que pudemos observar, na Europa, de há um século e meio para cá? A passagem rápida, primeiro na Inglaterra, em seguida na Alemanha, e, seguindo uma evolução mais lenta, na França, de um tipo de civilização agrícola para um outro em que predominam a indústria e o comércio. Por outro lado, na própria indústria, uma mudança de forma característica, da forma da pequena indústria, da pequena ou da média manufactura para as grandes empresas e o maquinismo. Ora, tudo isso só foi possível por se terem realizado duas condições.

Primeiro, os grandes aumentos de população que observamos, no decorrer do século XIX, especialmente nos países ocidentais do continente europeu. Como poderia a indústria ser a sua causa, se só foi possível constituí-la sobre essa base? Dir-nos-ão que aumentando a produção ela pôde, progressivamente, atrair um maior número de compradores, sustentar um maior número de operários, animá-los a casarem-se novos, a terem cada vez mais filhos? Mas recordemo-nos do grande fenómeno demográfico assinalado por Kuczynski: se, de 1770 até hoje, a população europeia aumentou cerca de 250%, se ela é hoje [em 1938] três vezes e meia mais numerosa que há 165 anos, não é porque a natalidade tenha aumentado: através de diversas flutuações, ela manteve-se sempre no mesmo nível médio, e até baixou de 1880 para cá. Esse aumento extraordinário da população, na Europa, resulta quase inteiramente da diminuição considerável e persistente da mortalidade, durante todo o século XIX. O principal obstáculo à população foi, assim, extremamente reduzido. Será devido à indústria, à grande indústria? Basta-nos olhar para os inquéritos industriais feitos em Inglaterra e em França, na primeira metade do século XIX. Verifica-se, pelo contrário, a que ponto as condições do trabalho eram deploráveis, que os menores e as mulheres eram vítimas de uma dura exploração, que os operários estavam submetidos a um trabalho esgotante, que as oficinas eram insalubres, etc. Se, pouco a pouco, foi possível economizar e proteger todo esse material humano, isso deve-se a uma fiscalização e a regulamentos impostos à indústria do exterior, geralmente pela força. Do exterior, isto é, pelos meios urbanos, onde, pelas razões que já indicamos, somente podia conceber-se um tal progresso da medicina e da higiene, e onde, igualmente, surgiu a preocupação de conservar e prolongar a vida individual. – Se, por outro lado, a riqueza geral aumentou, o que contribuiu, certamente, para aumentar a média da longevidade, não terá sido graças ao rendimento mais elevado da grande indústria e à subida dos salários? Sim, mas é necessário ver sob a pressão de que forças se transformaram a técnica e a organização económica.

É a segunda condição do progresso industrial. Depois de grandes aumentos de população, era preciso que essa massa se concentrasse em grandes aglomerações urbanas. Já Adam Smith, em 1770, se sentira impressionado pelo contraste entre a forma como, anteriormente, os homens viviam dispersos, na Inglaterra, existindo apenas um pequeno número de burgos, e a sua crescente tendência, no tempo em que escrevia, para se reunirem no interior de cidades (grandes para a época, em que não se fazia ideia do desenvolvimento que viriam a ter no futuro). Outrora, os senhores viviam no meio das suas terras, cuja cultura não fiscalizavam, entregando-as aos rendeiros. Nunca reclamavam o produto das colheitas: que haviam de fazer, numa época em que os transportes eram difíceis e estavam pouco desenvolvidas as transacções? Faziam liberalmente presente dele, por uma forma ou por outra, a todos aqueles que deles dependiam, limitando-se a receber uma renda bastante fraca: simples particulares, nobres sem dúvida, mas que não se ocupavam de indústria nem de negócios, não tinham em que empregar muito dinheiro, pois havia muito pouco comércio e pouca variedade nas mercadorias vendidas a retalho, e a vida era muito simples. Tudo mudou quando os rendeiros, uma parte dos operários da terra, se transformaram em artífices, e os produtos de luxo se multiplicaram. Então, os senhores (pelo menos em Inglaterra) começaram a fiscalizar e a tratar melhor da exploração dos seus bens, exigiram dos seus rendeiros uma renda cada vez mais pesada, e gastaram em móveis, quadros e vestuários, o produto das suas terras. Continuaram a alimentar com esse produto os filhos e netos dos rendeiros de seus pais, mas de maneira indirecta, sendo cada artífice sustentado pela venda dos produtos do seu trabalho a uma quantidade de senhores, proprietários, homens ricos, sem contar o povo, que se eleva a pouco e pouco acima da miséria. Mas também, artífices e compradores ricos, deixaram já os campos. Vivem nas cidades, para onde se transportaram e onde se encontram, de novo, em presença, e onde, graças a esse sistema de múltiplas permutas, a indústria se desenvolve e as grandes empresas vão nascer.

Mas se a cidade é, assim, o ponto de encontro dos produtores e dos compradores, dir-se-á que é porque ela se constituiu à volta da indústria e foi criada por ela. Se os senhores, os *landlords* deixaram os seus solares, se os gentis-homens, os proprietários, se habituaram a viver longe dos seus domínios, longe das terras, não terá sido por estarem certos de encontrar nas cidades uma variedade de mercadorias e de objectos de luxo, capaz de satisfazer necessidades que não teriam surgido se esses bens não houvessem sido produzidos e postos à venda? Se os habitantes do campo, rendeiros, lavradores, agricultores, trabalhadores da terra, um grande número deles pelo menos, se dirigiram para esses centros urbanos, não terá sido porque contavam encontrar lá compradores, depois de instalados como operários, e porque já lá existia uma indústria e um comércio? Mais tarde, serão as grandes fábricas, os grandes estabelecimentos, que atrairão para as suas proximidades uma população numerosa e cada vez mais concentrada. O desenvolvimento do comércio e das manufacturas, os grandes esforços industriais, exigem exércitos consideráveis de produtores, de compradores, densos batalhões de mão-de-obra, multidões agitadas e renovadas de vendedores e de clientes; mas formam-nos, são capazes, pela sua própria virtude, de criá-los inteiramente.

Era isto o que podia sustentar-se. Mas para continuar a análise da evolução assinalada por Smith, procuremos saber porque razão os senhores e os seus dependentes, em vez de se conservarem nos mesmos lugares, mantendo as mesmas relações, mudaram de residência e se apresentaram uns diante dos outros, noutros lugares, em novos papéis, precisamente como se tivessem combinado o encontro. Será porque uns e outros, ao mesmo tempo, tinham previsto que, para todos eles, a nova organização ou combinação seria mais vantajosa? Mas como teriam eles podido sabê-lo, antes de a experimentarem e de terem penetrado nela? Ora, não houve, em tudo isto, uma série de experiências inquietas, dando alguns o exemplo, e outros, pouco a pouco, procurando imitá-los. A evolução foi rápida, realizou-se num período igual numa quantidade de regiões de um mesmo país, numa quantidade de países do mesmo continente. Trata-se de movimentos de massa, isto é, de movimentos colectivos que só puderam produzir-se sob a pressão de forças sociais. – A mais aparente delas, não será o próprio aumento da população, de que acabamos de explicar a natureza e as causas? Aumento do número de homens num determinado território, e, nesse território, concentração crescente dos habitantes em aglomerações onde o povoamento é muito denso: não serão dois aspectos de uma só transformação de estrutura nos estabelecimentos humanos?

Chegamos agora a uma das teses mais profundas de Durkheim, recordada no nosso primeiro capítulo. Segundo ele, a divisão do trabalho na indústria não se explica por considerações de utilidade económica. De contrário, porque razão não teria sido aplicada mais cedo e levada às suas últimas consequências? Por outro lado, como se lhe poderiam ter previsto os efeitos, antes de a ter organizado? A imaginação, sob as suas formas colectivas, quer dizer, a imaginação das massas, prolonga e multiplica o que elas já têm sob os olhos. Mas, aqui, era necessário criar uma visão do futuro. Assim se explica que certos povos isolados, e que existem há séculos e milénios, nunca tenham imaginado esses métodos tão simples e que estavam ao seu alcance. Na realidade, a divisão do trabalho resulta da extensão dos grupos humanos e do aumento da sua densidade. É ela a condição necessária para que apareça e se desenvolva, numa comunidade ao mesmo tempo alargada e concentrada, uma grande diversidade de aptidões e também de necessidades, para que, numa sociedade cujas unidades estão em relações mais íntimas, e multiplicam os contactos entre si, aptidões e necessidades se encontrem, se estimulem reciprocamente, e para que uma adaptação cada vez mais exacta se estabeleça entre as técnicas dos produtores, cada vez mais especializados, e as exigências dos consumidores, cada vez mais variados. Mas se os grupos ganham assim, e em primeiro lugar, em extensão e densidade, é porque a população aumenta por si mesma, pelo seu próprio movimento, independentemente dos motivos económicos.

Ainda sob um outro ponto de vista, pode mostrar-se que a evolução da indústria moderna só era possível em sociedades de população muito densa e aglomerada: sob o ponto de vista do nível de vida, tal como ele se elevou progressivamente, especialmente nas classes mais numerosas; sob o ponto de vista das necessidades, sobretudo das novas necessidades, que determinam, no fim de contas, o pedido dos produtos e serviços. Neste ponto, temos de voltar a essa noção de subsistências, que tão grande papel desempenha, na doutrina de Malthus, mas que ele parece ter entendido num sentido muito restrito. Em sociedades bastante primitivas, num sistema de economia fechada, em que a família vive do que produz sobre o solo restrito que ocupa, as subsistências reduzem-se, com efeito, aos alimentos, às substâncias nutritivas, tais como o homem as tira directamente da terra ou dos animais que nela vivem. Acrescentemos-lhes as casas, por vezes simples choupanas, os instrumentos de uma técnica agrícola rudimentar, vestuários e um mobiliário que a família aldeã pode obter com pouca despesa, quer pelo seu próprio trabalho, quer pelo de alguns artífices da aldeia. Durante períodos seculares, a maior parte da humanidade viveu assim.

Tudo se passa de maneira diferente nas nossas sociedades modernas, onde mesmo nas classes inferiores se reclamam muitos outros produtos e outros serviços, produtos que resultam de um trabalho especializado, que são trazidos de longe, ou, em todo o caso, de uma zona exterior à família ou aos que a cercam imediatamente, e que só por meio de troca podem obter-se. Tudo isto pode ser incluído na categoria das subsistências, porque sucede que nos sentimos mais ligados ao que outrora – e ainda em muitas sociedades – era considerado como o luxo ou o supérfluo, do que àquilo que sempre passou por necessário, e que não hesitamos, algumas vezes, em sacrificar uma coisa à outra. Ora todos esses produtos relativamente novos (pelo menos pela qualidade ou pela quantidade que deles exigimos), e também esses serviços obtidos de empresas privadas ou de organizações públicas, distinguem-se das subsistências em sentido estrito, das substâncias alimentares mais correntes, por conterem, sobretudo, trabalho humano, por o elemento matérias-primas ser, neles, menos importante que a elaboração a que a matéria foi submetida.

Mas, por um outro carácter, estreitamente ligado a este, opõem-se ainda mais claramente às subsistências, tais como Malthus as entendia. Já o dissemos: os produtos do solo são menos limitados do que ele supunha. São-no, no entanto, em virtude da extensão da terra cultivável, e também porque, na mesma terra, só é possível aumentar-lhes a reprodução numa medida restrita. Com efeito, eles resultam de forças biológicas, animais e vegetais, sobre as quais temos um domínio bastante fraco. Pelo contrário, os chamados produtos industriais podem ser obtidos, e foram-no de facto, em quantidades rapidamente crescentes, porque os meios técnicos que aplicamos à matéria inerte se tornam cada vez mais poderosos. Deste lado, pode bem dizer-se que não há limites. A situação, ou a oposição entre os dois termos, tal como Malthus a apresentara, está invertida; já não é a população que tende a crescer indefinidamente, enquanto as subsistências seriam limitadas: é a massa dos produtos que aumenta, e tende a aumentar sem limites, ao passo que a população apresenta todos os sintomas de um aumento muito lento e, talvez, em breve, de uma diminuição.

Assim, a indústria, a organização económica para a qual se voltam os homens para lhe pedir os seus produtos, não é como uma terra explorada até aos limites da sua fecundidade, e que, em dado momento, se recusa, se mostra estéril; a indústria responde a todos os apelos e até os solicita. Nunca lhe faltam os *stocks*, as reservas, os materiais trazidos, por vezes, de muito longe, e as invenções técnicas que chegam na hora própria. Quanto mais dela se recebe, mais ela está pronto a produzir ainda, como se, à medida que a põem à prova, que a empurram e a espicaçam, longe de a esgotar, fizessem surgir nela novas forças e lhe dessem maior vigor.

Mas se a indústria satisfaz dessa forma a procura, a ponto de a ultrapassar com frequência, não será porque a procura se regula pela oferta, porque é estimulada, dirigida e limitada por ela? Não será a indústria que cria as necessidades? É caso para o pensarmos, olhando para muitos factos e exemplos.

Vejamos o vendedor ambulante que atravessa os campos, expõe na praça da aldeia ou apresenta à porta das herdades tecidos de cores vistosas, lenços de fantasia, colares, jóias falsas, aquilo a que no século XVIII se chamava bugigangas, um estendal de objectos de pacotilha, sobre um estrado, num cesto levado nas mãos, num saco pendurado ao ombros, num carrinho puxado por uma mula (à espera da camioneta e do automóvel). Se esses objectos despertam a curiosidade dos aldeões, e por vezes os seus desejos, não será por serem novos para eles e por os colocarem ao seu alcance? Se o vendedor ambulante não tivesse aparecido, teriam pensado neles, teriam sentido a falta daquilo que, até então nunca haviam visto? No entanto, se pasmam, diante de certos artigos de vestuário, de *toilette*, de casa e de ornamentação, não será também por eles virem da cidade e lhes recordarem as pessoas que lá vivem, e que eles encontram nas suas próprias paragens, ou quando vão à cidade, nos dias de mercado ou de festa?

Vejamos os palácios de luxo, os hotéis mais modestos, de todas as categorias, proporcionando vantagens diversas, assegurando todos os graus do conforto. Estão colocados em sítios pitorescos, na montanha ou à beira-mar, nas termas, nas cidades com ricos museus, monumentos e curiosidades diversas. Se eles estão cheios na época própria, quando uma sociedade numerosa, densa e que se move, neles se instala, organizando-se neles e à volta deles, não será porque alguém teve, noutros tempos, a ideia de construir casas nesses lugares e de para ali atrair uma clientela de viajantes e de residentes? Grupos cada vez mais numerosos, uma parte crescente da população, tomou, assim, gosto pelos belos horizontes, pelas estadias em cidades pitorescas, estrangeiras, exóticas, pelos desportos, o hábito, também, das curas prolongadas em lugares salubres, junto de nascentes benéficas, curiosidade, amor pelas artes e pela natureza, exercícios e manifestações da vida física, «o prazer de chegar já tarde a um lugar selvagem», gosto pelas viagens? Mas tudo isto forma um conjunto de hábitos, de exigências, que nem sempre existiram, pelo menos com tamanha intensidade. É preciso explicar a sua aparição, e porque se deu em tal momento. Não será porque os fizeram nascer à força, espalharam e impuseram, em parte por snobismo, mas também, em grande parte, porque correspondiam, em muitos homens, a tendências e disposições reais, mas que era necessário despertar, sem o quê nunca teriam delas clara consciência: não se manifestariam só por si. Devemos agradecer à indústria hoteleira, turística, à indústria dos transportes, caminhos-de-ferro, navios, automóveis, ao reclame, à publicidade, que são também indústrias, à imprensa, aos editores de guias, de narrações de viagens, aos fabricantes de canoas, de *cayaks*, de *skis*, de todo o material e dos trajes de desporto, às empresas dos grandes estabelecimentos termais: é a eles que devemos todas essas necessidades, e não somente à possibilidade de satisfazê-las.

Mas porque não seria o contrário? Esses comerciantes, industriais, homens de negócios, ter-se-iam lançado em semelhantes empresas, e, por exemplo, teriam construído dispendiosamente hotéis no meio das montanhas, se não se tivesse já verificado a insuficiência das primitivas hospedarias, das granjas de pastores e das herdades? Há já muito tempo que, por esses lugares, passavam e se demoravam homens vindos de longe, e cujos gostos, necessidades e aspirações se afirmaram, e foram satisfeitos melhor ou pior, mas geralmente por pouco dinheiro, muito tempo antes de alguém ter a ideia, nos meios do comércio e da indústria, de encontrar os meios para os explorar. Os que, actualmente, se instalam nessas praias, na proximidade desses glaciares, que fazem viagens ao Oriente, visitam Florença ou Veneza, podem rir-se dos que, noutros tempos, lá se contentaram com as condições primitivas e incómodas, aceitando suportar tantos riscos, tanto desconforto e tantas despesas. Mas foi assim que a necessidade tomou consistência, em grupos isolados, dispersos, que tiveram, primeiro que ninguém, a coragem e como que a vocação necessária para abrir o caminho. A indústria só interveio no dia em que os apercebeu, em que compreendeu, também, que os seguiam, que começavam a segui-los; só então é que ela lhes fez sinal e foi ao seu encontro, para os captar.

O que ainda nos engana, o que nos impede de ver que a indústria surge atrás das necessidades que deve satisfazer, e não as cria inteiramente – é o facto de as acompanhar de muito perto e parecer segui-las imediatamente, nos seus movimentos mais inesperados e mais caprichosos. Só notamos as empresas industriais e comerciais que triunfam. Verificamos que os compradores enchem as suas casas de venda e armazéns, param em frente das suas montras, disputam as mercadorias que lhes apresentam. Maravilhosa harmonia pré-estabelecida entre o vendedor e os clientes. Como os clientes, até aqui, nada fizeram para manifestar o seu desejo por certo objecto de preferência a um outro, não foi o vendedor que os tirou do seu estado de torpor ou de indiferença? Mas quantas empresas fracassaram por se terem enganado acerca das necessidades e das preferências do público! Algumas delas teriam interesse em que se consumisse ainda durante muito tempo certo artigo, para a fabricação do qual adquiriram máquinas caríssimas. Apesar de todos os seus esforços, publicidade, descida de preços, melhor apresentação, aperfeiçoamento da qualidade, da forma, não conseguem manter uma necessidade que desapareceu. Outras apressam-se demasiadamente, põem à venda mercadorias, aparelhos mecânicos, conservas alimentares, frutos exóticos, que o público não quer nesse momento, mas que reclamará mais tarde. Dir-se-á que, pelo menos, a indústria marcou o caminho, e que se essas necessidades aparecem mais tarde, é por ela ter, a tempo, lançado a semente à terra? Nada é menos provável. Depressa se esquece aquilo de que nos desabituamos. Pelo contrário, é possível que, com o tempo, se venha a gostar do que recusamos, porque nos conduza para esse mesmo objecto uma nova corrente de ideias, corrente colectiva cujo leito não foi aberto pela indústria, nem pelo comércio. A organização prática da vida mudou. Há mais preocupação em evitar o trabalho doméstico. Ou ainda, gosto pelas mudanças, curiosidade mais larga. Mas tudo isso, porquê seguimos as maneiras de pensar e de sentir do nosso meio, que não obedece às directivas do comerciante como à batuta de um regente de orquestra, mas que tem os seus próprios impulsos e as suas preferências, que só se explicam por ele ser o que é.

A evolução das necessidades, condição do desenvolvimento industrial, deu-se nos meios urbanos sob a influência da sua estrutura e do género de vida que dela resulta. Essa evolução impôs à indústria formas e direcções que ela, sem dúvida, não teria seguido espontaneamente. Podemos mostrá-lo recordando os caracteres gerais dos produtos e serviços tais como actualmente se apresentam aos nossos olhos.

Trata-se da uniformidade crescente, dessa espécie de estandardização, que elimina, pouco a pouco, as diferenças locais, regionais e também sociais (de classe e de categoria), e aproxima as maneiras de comer, de vestir, a disposição interior das casas de habitação, os géneros de distracção e todo o aspecto geral da vida quotidiana? Lembremo-nos das antigas condições da produção, da pequena indústria de mesteres, adaptada, ao contrário, à diversidade não só dos países, das províncias, mas também, na mesma cidade, das diferentes clientelas, gente da corte, pessoas de qualidade, pessoas de condição, burguesia parlamentar, burguesia média, mercadores e o povo, as classes operárias, os camponeses; diversidade exterior, tanto no género de existência, como no ambiente e nos costumes. Julgar-se-á que a indústria antiga, mesmo sob as formas que apresentava nos começos do novo regime, não estava solidamente adaptada a esses costumes e não tinha vantagens em que tudo continuasse na mesma, embora em maior escala, com um aumento das vendas, mas incidindo sobre objectos diferentes, e de qualidades diferentes, conforme as categorias de compradores? Vantagem de ocupar, conforme as suas aptidões e os seus métodos tradicionais, produtores que caprichavam em se diferenciar, e de não deixar desaparecer muitas produções de luxo, de qualidade, que tinham a sua clientela assegurada. Uma indústria animada de semelhantes tendências só pode ter-se orientado cada vez mais para a produção, em série, de artigos de venda fácil, sob a pressão de uma sociedade que, no ambiente das cidades e, sobretudo, das grandes cidades, tendia também a uniformizar-se.

Trata-se da modificação – modificações rápidas, transformações contínuas – no domínio do consumo? Ela resulta não somente das variações da moda, mas do aumento do conforto, do sentimento de lacunas e de imperfeições na organização da vida, na satisfação das necessidades. Ainda aqui, e pense-se o que se pensar, a indústria não pode ter culpa. É que qualquer modificação um pouco importante na produção impõe-lhe um esforço de aperfeiçoamento técnico, de readaptação económica. É necessário mudar a direcção das compras de matérias-primas, renovar parcialmente a mão-de-obra, vender em novas condições de mercados, de preços, etc. Evidentemente, há, nos meios industriais, iniciadores, homens que abrem o caminho: mas isso é a excepção. A massa da indústria resiste, obedece à força da inércia, foge ao esforço, enquanto sobre ela se não exerce, do exterior, uma pressão irresistível. Essa pressão é a de novas necessidades, efectivamente incessantemente renovadas. Explica-se pela própria natureza da população urbana, pela sua mobilidade. Ela move-se, em primeiro lugar, no espaço. Bastará seguir a evolução dos meios de transporte para reconhecer até que ponto, excepto nas cidades mais recentes, a indústria está atrasada em relação às necessidades, pois que os novos modos de locomoção, imediatamente depois de adoptados já mal chegam, o que prova que já há muito eram esperados. Mas sucede o mesmo em muitos outros domínios. A habitação: nas cidades antigas, e que são, no entanto, grandes cidades, ela só lentamente se transforma; mas também durante muito tempo a população queixa-se do que lhe falta a este respeito. O mobiliário, o vestuário: aqui, existe a necessidade, também há muito, de uma renovação, no sentido de uma simplificação: logo que os industriais destes ramos fazem um esforço nesse sentido, os novos modelos são adoptados e espalham-se com tamanha rapidez, que se verifica serem desejados há muito tempo. A população urbana arrasta a indústria, obriga-a a adoptar o seu ritmo precipitado.

Trata-se, finalmente, da tendência dos homens, tão acentuada, sobretudo nas civilizações mais recentes, para aproveitar em comum os resultados da técnica material e social mais adiantada, as vantagens que oferecem as mais recentes instituições da vida prática, grandes armazéns, grandes restaurantes, luxo barato, organização dos transportes, das distracções, das viagens, dos desportos, t.s.f., seguros, cooperativas, etc.? Tudo isso seria possível fora dos agregados humanos muito vastos e densos, das grandes aglomerações concentradas? Tudo isso não estaria, em conclusão, no sentido e como que no prolongamento das tendências urbanas, visto que os homens eram chamados a participar, sob essas formas um pouco lassas, numa vida social talvez superficial, mas, em todo o caso, mais larga? Ainda aqui, industriais, comerciantes, administradores, homens de negócios, intervieram para satisfazer necessidades que não haviam criado. – Assim se confirma que o desenvolvimento da indústria só foi possível numa civilização a que as cidades impuseram, cada vez mais, as suas formas materiais e o seu género de vida.

A massa dos produtos, dizíamos nós, tende, contudo, a aumentar cada vez mais, ao passo que a população aumenta, se ainda aumenta, segundo um ritmo progressivamente mais lento. Sim, mas sabemos também que a indústria atravessa crises de super-produção, em virtude das quais um grande número de empresas tem de restringir-se ou eliminar-se: obstáculos à produção, que podemos comparar aos obstáculos à população de que falava Malthus. Compreendamos bem, no entanto, por que razão a indústria, apesar do poder de expansão quase indefinido que nela existe, não pode ir além de certos limites.

Há super-produção, quando a oferta dos produtos é superior à procura. Mas a procura não se confunde com a massa da população. Temos, em primeiro lugar, nas próprias zonas urbanas, todas essas categorias sociais que dispõem de rendimentos insuficientes para afrontar semelhantes despesas. Não somente a indústria, mas também a agricultura, poderiam fornecer-lhes produtos, se elas fossem capazes de pagá-los; se têm rendimentos insuficientes, e não será por ainda não estarem plenamente incorporadas nas cidades, por continuarem fora das verdadeiras vida e substância urbanas? Mas há, também, as zonas não urbanas, ou insuficientemente urbanizadas, todas essas regiões de aldeias e pequenas vilas, que ainda não realizaram as condições demográficas necessárias ao crescimento de cidades e de grandes cidades. Sobretudo, precisamente porque têm uma estrutura diferente, não se encontram nelas, pelo menos com a mesma intensidade, as necessidades que, nos meios urbanos, são alimentadas pela indústria e mantêm uma procura que corresponde à oferta. Oposição entre uma indústria desenvolvida e alimentada num solo urbano, e costumes e uma organização económica de um tipo antiquado, adaptadas a aglomerações humanas menos vastas e menos concentradas. Assim se explicam essas crises que, periodicamente, vêm lembrar à indústria que as necessidades humanas têm limites. Mas também assim nos aparece mais claramente, e nos é confirmado, que a produção, no seu conjunto, especialmente a produção industrial, se baseia numa certa estrutura da população, e só poderia aumentar e desenvolver-se mais se esta se estendesse a novas regiões e fortalecesse também o seu poder sobre as que já ocupa actualmente.

Conclusão

Examinemos de novo duas questões gerais, que talvez agora se nos apresentem com um aspecto diferente. O que é a morfologia social em relação à sociologia? Em que sentido a morfologia social se confunde com a ciência da população?

Consideremos uma realidade social, como, por exemplo, a família. Podemos distinguir a ideia da instituição familiar, das leis e costumes que se lhe referem, dos sentimentos de família e da moral doméstica; por outro lado, as próprias famílias, tais como aparecem no espaço e como nós podemos descrevê-las exteriormente e recenseá-las. Diremos que a morfologia social estuda as famílias no espaço e que o resto depende de outras partes da sociologia? Mas nenhum desses dois aspectos se basta, nem tem realidade, sem estar ligado ao outro. O que seria a ideia de uma família que não tomasse forma sensível em parte alguma e em tempo algum? Mas, por outro lado, que espécie de vida propriamente social atribuir a um grupo, se, por trás das unidades reunidas, tais como aparecem aos nossos sentidos, não atingirmos pensamentos, sentimentos, sobretudo a ideia da organização que as une? Falaríamos (talvez mal) em sociedades de formigas, se elas fossem, para nós, simples elementos mecânicos, animais-máquinas?

Distinção relativa, que corresponde a opor, simplesmente, o que se vê e o que se toca, àquilo que, apesar de lhe reconhecermos a existência, escapa aos nossos sentidos. Como poderíamos fazer uma ideia do poder e dos direitos de pai, do parentesco, da filiação masculina, uterina, sem imaginar seres que existam no espaço, os membros da família? Inversamente, se olharmos para o grupo, não se trata, apenas, de seres visíveis, com ligações entre si, no espaço. São homens, e não coisas inertes ou animais. Leibniz dizia que se da Lua viessem para a Terra animais com aspecto humano, ficaríamos um pouco embaraçados para dizer se eram homens. Sim, se cá chegassem isoladamente. Mas se os víssemos entenderem-se por gestos, servindo-se, entre si, de uma linguagem articulada, como não havíamos de nos aperceber da sua qualidade de seres sociáveis, isto é, de homens, de homens lunares, se quiserem? Assim, o que no grupo há de aparente e de sensível, descobre-nos a sua vida psicológica e moral. De outra forma, seria o mesmo que, no teatro, quando está em cena uma personagem, dizer que é um corpo feminino, os seus caracteres e a sua figura física que eu vejo, e não o ciúme e a paixão de Fedra, visível nos seus gestos, e que eu posso ouvir falar pela sua voz.

Os termos de formas, de estruturas, orientam-nos para o mundo da vida. Ora era precisamente à imagem da biologia que Augusto Comte propunha dividir a sociologia numa anatomia e numa fisiologia sociais, estudo dos órgãos e estudo das funções. Será, pois, a morfologia o estudo dos órgãos da sociedade? Em biologia, vistos sob o aspecto estrutura, os órgãos representam o que há de permanente no organismo, o que menos muda, ou, pelo menos, o que só lentamente se modifica. A função é, também, constante no sentido de que reproduz, de ordinário, periodicamente o mesmo processo. Mas é um processo, isto é, uma sucessão de estados, uma mudança incessante através de passagens sucessivas pelas mesmas fases. Evidentemente, os órgãos gastam-se, renovam-se, evoluem. A matéria viva esgota-se sem cessar. Mas a forma fica, e é a esse aspecto estável do corpo que nós chamamos a sua estrutura.

Se tentarmos introduzir a mesma distinção na vida social, ficaremos bem mais embaraçados. Uma constituição, por exemplo, determina quais serão os órgãos da vida política, assembleias, tribunais supremos, altos dignitários: fixa também as suas atribuições, os seus poderes e as suas funções. Mas tudo o que a sociedade política determinou, pode modificá-lo, quer se trate do número, da forma, da disposição dos órgãos, quer seja da extensão e da própria natureza das funções. Como distinguir, aqui, e opor o permanente e o mutável? Acontece que uma função é mais estável e dura mais tempo que um órgão, assim como também sucede o contrário.

Temos, contudo, de reconhecer que existem nos grupos sociais arranjos, disposições que tendem a subsistir, a manter-se tal qual são, e que opõem resistência a qualquer modificação. Sempre que as instituições se modificam, vão de encontro a essa resistência. É necessário que elas se adaptem a uma estrutura anterior, e aos hábitos que lhe estão ligados nos grupos que são ou devem ser o esteio das instituições. Quando uma religião universalista, o cristianismo, substituiu as religiões de cidades, de tribos, os cultos de divindades locais, teve de tomar em consideração o particularismo religioso preexistente. Os génios locais foram substituídos por santos. Tudo o que subsiste de elementos pagãos no cristianismo foi nele introduzido em consequência dos hábitos de cada grupo que absorvia. Igualmente, e pela mesma razão, as divisões em dioceses, paróquias, etc., foram decalcadas das divisões administrativas romanas. No campo político, em França, depois do século XVII, todos os regimes mantiveram uma centralização conforme à estrutura de uma população que a realeza há muito tempo habituara a esse tipo de organização. Apesar das instituições económicas transformarem profundamente os costumes dos homens, não houve nenhuma que conseguisse destruir em pouco tempo as formas de actividade tradicionais, e criar inteiramente novos géneros de vida, pelo que também elas tiveram de se adaptar às disposições das antigas comunidades. Na agricultura sobretudo, como demonstra a distribuição das zonas de grande, média e pequena propriedade. Mas também na indústria: localização dos diversos ramos, dos mesteres, subsistência da pequena indústria em certas regiões, em determinadas cidades, possibilidades de estabelecimento e de extensão da grande indústria, tudo isso revela, em muitos casos, a influência persistente das condições económicas que caracterizavam outrora as diversas partes do país.

De onde provém essa força característica das agremiações duráveis dos grupos humanos, força de inércia na maior parte dos casos, mas também, por vezes, força de evolução? Porque os grupos dessa natureza são também capazes de mudar de forma em razão da que tomaram, ainda que exerçam a mesma função e estejam submetidos às mesmas instituições. Essa força explica-se por duas condições que se impõem a todos os grupos humanos. Ainda que uma sociedade seja formada, sobretudo, por pensamentos e tendências, só pode existir e as suas funções só podem exercer-se se ela se instala e se desenvolve algures no espaço, se nele tiver o seu lugar. É preciso que ela esteja ligada, no seu todo e nas suas partes, a uma certa extensão – com certa posição, grandeza e figura – do solo material. Por outro lado, formada por unidades humanas justapostas, que são organismos vivos, tem também um corpo orgânico, com um volume e partes que podem reconhecer-se; pode aumentar, diminuir, dividir-se e reproduzir-se. Por outras palavras, assim como um corpo vivo está submetido, em parte, às condições da matéria inerte, porque, olhado sob determinado aspecto, é uma coisa material, uma sociedade, realidade psíquica, agregado de pensamentos e de tendências colectivas, tem, no entanto, um corpo orgânico e participa, também, da natureza das coisas físicas. É por isso que, sob certos aspectos, ela se encerra, se fixa em formas, em arranjos materiais que impõe aos grupos de que é constituída. Introduz, assim, de certo modo, os seus hábitos nas partes da população a que se alarga, confia-lhos.

Também as condições materiais da sociedade opõem a sua resistência ao funcionamento das suas funções, à transformação dos seus órgãos, à sua vida e à sua evolução. Este aspecto da vida colectiva, isto é, os grupos tal como existem no mundo dos corpos e se encontram presos na corrente da vida biológica, mas sobretudo (visto que, sob essa condição, continuamos no domínio do social, do pensamento colectivo) pelo que eles representam uns para os outros, como coisas no espaço e como realidades orgânicas, constitui o objecto da morfologia social. Parece-nos, assim, suficientemente definido esse objecto, em relação ao objecto da sociologia em geral, que é a sociedade sob todos os seus aspectos.

Visto que todas as sociedades têm uma forma material, a morfologia social abrange-as a todas, e podia empreender-se o seu estudo passando em revista todas as secções principais da sociologia. É aquilo a que chamamos a morfologia em sentido lato, que se decompõe, por outro lado, em tantas morfologias especiais quantas são as espécies distintas de comunidades, ou, mais exactamente, de tipos diferentes de vida social.

Ora, a investigação feita nesses diversos quadros, levou-nos a uma distinção capital. Encarados separadamente, por exemplo, estudados no domínio dos factos religiosos, políticos, nacionais, ou em sociologia económica, os caracteres morfológicos pareciam, sobretudo, ajudar a compreender cada uma dessas ordens de realidade colectiva, no que elas têm de específico.

O número dos fiéis, a extensão, no espaço, da sociedade confessional, a sua divisão em pequenos grupos isolados ou a sua concentração em massas densas, e, ainda, a estrutura das igrejas, tal como ela aparece nos locais reservados aos centros eclesiásticos, aos conventos, aos lugares consagrados: como não haveria tudo isso de exercer uma forte influência sobre a intensidade das crenças, sobre o predomínio de uma ou outra forma de devoção, sobre a unidade do dogma, a identidade dos ritos? E semelhantes mudanças nessas condições espaciais não serão também o ponto de partida de transformações puramente religiosas: espírito e tendências da Igreja, definição do dogma, cismas, formação de seitas, relaxamento ou aumento da disciplina, etc.?

De igual modo as instituições políticas, e as representações colectivas correspondentes, estão em íntima conexão com as formas e a extensão dos grupos. Os despotismos asiáticos, grande rei e sátrapas, que esmagam sob o seu poderio absoluto e arbitrário vastas populações dispersas, de fronteiras mal definidas, grandes corpos amorfos e pouco articulados, fazem um vivo contraste, a esse respeito, com as cidades gregas, de território mais limitado, com habitantes mais concentrados: condições favoráveis a uma vida política mais animada, às assembleias do povo na praça pública, às magistraturas electivas, às mudanças frequentes da forma de governo, revoluções, lutas de facções, etc. No Império Romano, no momento em que era maior a sua extensão territorial, sem estar ainda abalado pelas invasões, vemos aparecer uma organização complexa e bem regulada, provincial, municipal, códigos homogéneos elaborados por grandes jurisconsultos, uma hierarquia de funcionários, colégios profissionais, um verdadeiro direito. Sucedia o contrário nas tribos germânicas: estas, menos extensas, menos sedentárias, não foram além da organização de aldeia; a sua coesão assenta, na maior parte dos casos, sobre a fidelidade pessoal para com o chefe; só conheciam costumes não escritos. Mais tarde, em França, é preciso esperar que as populações dos agrupamentos locais, que correspondem àquilo que serão depois as províncias, se aproximem, que os contactos e relações entre os seus habitantes se tornem mais frequentes, antes que os legistas elaborem um direito novo, que fundará a constituição monárquica. Todas as mudanças políticas que depois se produziram não poderão, também, relacionar-se com progressos no sentido da extensão e da concentração: formação dos agregados nacionais, desenvolvimento das grandes aglomerações? Por detrás dos conflitos entre as doutrinas e os partidos políticos, apercebemos grupos que se opõem porque não têm os mesmos modos de estabelecimento no espaço, nem, sempre sob o ponto de vista material, a mesma coesão e a mesma estabilidade.

Da mesma forma, facilmente se reconhecerá que a organização da indústria, o rendimento da produção, a extensão da oferta e da procura, resultam, em última análise, da grandeza dos empreendimentos, da massa das aglomerações operárias e da distribuição numérica das diversas classes sociais.

Assim, às diversas actividades sociais correspondem estruturas especiais que delas resultam, mas também que reagem sobre elas, modificando-as na sua natureza religiosa, política, etc. É por isso que a história das instituições correspondentes com tanta frequência se mostra obscura. Qual era a proporção dos cristãos, na Gália, nos séculos v, vi e vii? Qual foi o aumento da população, especialmente nas cidades, em França, na segunda metade do século xviii? Qual era, nelas, a extensão média das empresas, nas vésperas da revolução industrial? Se pudéssemos responder a estas perguntas e ainda a outras da mesma ordem, teríamos algumas probabilidades de compreender melhor a evolução das crenças e das instituições nesses diversos campos.

Neste sentido, a extensão, a densidade desses grupos, as suas mudanças de forma, as suas deslocações, fundem-se com certa ordem especial de fenómenos sociais, e dela são inseparáveis, como se a exprimissem à sua maneira. Há, por exemplo, um espaço religioso, que não se confunde com o espaço económico, assim como a moldura material ou o quadro local se harmoniza com o assunto de um quadro de que forma o fundo, e não é o mesmo para as pinturas normais, as cenas históricas, os retratos ou as naturezas mortas: como se o assunto tivesse criado a sua atmosfera e transformado à sua imagem a parte do espaço em que se projectou. Assim, cada função da vida social exprime-se pela forma espacial dos grupos que lhe estão ligados.

Mas esses mesmos fenómenos, que constituem o aspecto físico e orgânico das diversas actividades colectivas, porque não os encararemos exclusivamente na sua natureza de fenómenos morfológicos? Aproximando e relacionando uns com os outros aqueles que podemos observar separadamente, como formas exteriores dos grupos religiosos, como quadros materiais das organizações políticas, como estruturas das economias no espaço, não constituiremos, ou até, não tornaremos a encontrar um conjunto homogéneo e independente de fenómenos de população, cuja unidade havia sido artificialmente despedaçada? Porque se trata, frequentemente, dos mesmos homens, dos mesmos grupos, vistos sob diversos aspectos, como figurantes de teatro que, em cenas sucessivas, se apresentam, seguidamente, como uma multidão ululante, como soldados que desfilam ou como fiéis que saem da igreja: são, contudo, os mesmos homens, o mesmo grupo.

O que, antes de mais nada, parece dever concluir-se da sua semelhança, é que os fenómenos morfológicos devem ser observados e tratados assim à parte, como uma realidade social distinta de todas as outras, seja qual for o quadro especial onde eles se produzam. Com efeito, quando a atenção se fixa sobre eles, afasta-se do que há de específico em cada género de actividade e de funcionamento colectivo, e orienta-se para formas e movimentos no espaço, mas num espaço físico que é o mesmo para todos esses fenómenos, seja qual for o sistema de instituições a que eles pertençam. Por outras palavras, qualquer funcionamento colectivo tem condições espaciais. Mas, se as funções diferem, há, em todo o caso, uma analogia evidente entre os arranjos materiais que elas supõem e que parecem estar todos submetidos a idênticas leis gerais. É neste sentido que todas as morfologias especiais, consideradas como estudos das formas e movimentos materiais das sociedades, se reúnem naquilo a que chamamos a morfologia *stricto sensu*, que se confunde com a ciência da população.

É, evidentemente, necessário ir mais longe. Não imaginemos que os estados e movimentos da população, tomados assim em si mesmos, só podem ser apercebidos e explicados como o resultado e a combinação dos que observamos primeiro nos diversos quadros da sociologia: domínios dos agrupamentos religiosos, das formações políticas, dos estabelecimentos industriais ou agrícolas. É, com efeito, muito difícil, e na maior parte dos casos impossível, quando queremos descrever um desses fenómenos morfológicos em sentido estrito, tal como a extensão de uma população, a formação das cidades, as migrações, atribui--lo exclusivamente à influência de um desses domínios mais que à de outro. Certas deslocações de massas humanas, como as cruzadas, dependeram de motivos religiosos, mas também políticos e nacionais, e até económicos. As flutuações da natalidade, em subida ou em descida, podem ser postas em relação com as dos preços, com o aumento ou a diminuição do bem-estar, mas também com as condições políticas, com o estado das ideias morais e das crenças, religiosas, com as transformações da família. – Diremos que tais factos resultam de várias séries de causas que se entrelaçam, como outras tantas nascentes e afluentes de um só rio, e que poderíamos seguir na corrente mais larga? Mas, para considerarmos cada um dos indivíduos tomados em tais movimentos, saberemos nós, saberá ele próprio, se obedece a um só desses impulsos ou a vários? – Não significará isto que é um erro levar tão longe ou tão alto a diferenciação, que devemos estudar esses fenómenos sociais em baixo, de certo modo mais perto das suas raízes demográficas, ao nível em que eles se apresentam como fenómenos de população puros e simples? A população, como tal, é uma realidade específica e autónoma, no sentido de que é preciso explicar os fenómenos de população por outros fenómenos de população.

Mais ainda. No decorrer da história, esses diversos modos de organização social, quando se constituíram ou mudaram, devem, com frequência, ter-se adaptado aos estados e aos movimentos, tais como eles são, da população. Neles encontraram, ao mesmo tempo, obstáculos e pontos de apoio, a razão dos seus limites, mas também o meio da sua extensão. Os progressos do cristianismo não teriam sido tão rápidos se não existissem já cidades importantes, onde lhe foi possível enraizar-se, irradiando, em seguida, da cidade para os campos, se não existissem estradas de terra e de mar, correntes de circulação. Esta religião encontrou o seu ponto de apoio, em primeiro lugar, na aglomeração populosa de Roma, mais tarde nos estabelecimentos dos Francos, e os seus limites na própria extensão dos grupos no seio dos quais se implantara primeiramente. O maometismo espalhou-se rapidamente e muito longe, porque foi a crença de povos em movimento, nómadas e conquistadores.

Outros exemplos: toda a organização política do mundo greco-romano se baseava no recrutamento de escravos nas numerosas e fecundas populações bárbaras. Por outro lado, as mais decisivas transformações históricas do poder relativo dos Estados, na sua estrutura interna, assim como na sua influência exterior, explicam-se pelas guerras. Ora há, sem dúvida, muito a reter da explicação dada por Malthus, para quem as guerras nascem, na maior parte das vezes, de um excesso da população aqui, de um enfraquecimento demográfico temporário ou durável além. Finalmente, a indústria, a grande indústria, modificou, sem dúvida, largamente a distribuição dos homens no espaço. Mas ela não poderia ter-se instalado e desenvolvido em regiões onde não tivesse podido obter a sua mão-de-obra em massas compactas; não teria nascido em países pouco populosos e, sobretudo, de população estacionária, pouco densa, sem grandes vias de circulação, que não lhe teriam assegurado mercados suficientes.

De resto, muitas das novas empresas e organizações sociais tinham já aparecido há muito, em estado esporádico, aqui e além. Não se teriam elas realizado mais cedo, nos países onde existem há pouco tempo, e não se teriam espalhado por regiões muito mais vastas, se houvessem tido a virtude de criar por si próprias as condições demográficas sem as quais não podiam constituir-se?

A população tem as suas tendências e os seus movimentos próprios. Resiste às extensões e às mudanças de forma demasiadamente bruscas e brutais que pretendem impor-lhes. Sucede, também, que ultrapassa o fim, que sai para fora do quadro das instituições onde esteve algum tempo encerrada, que arrasta consigo novas condições que obrigam a sociedade a modificar as suas leis e os seus costumes, a refundir a sua organização. Longe de ser o efeito e a consequência necessária de outras ordens de fenómenos sociais, é ela, na maior parte das vezes, é a sua grandeza a sua distribuição, tais como resultam de um desenvolvimento espontâneo, que as torna possíveis.

*
* *

Mas tendo chegado assim, como a uma camada geológica dos terrenos primários, até às estruturas da população, que são também as estruturas de toda a vida social, não sucederá termos descido demasiadamente baixo, estarmos excessivamente perto do solo e da matéria, demasiado perto do funcionamento biológico das células sociais, que são os corpos vivos? Se só podemos falar em sociedade quando encontramos representações colectivas, se qualquer formação social deve apresentar um conteúdo de pensamento, pensamento embrionário e semi-consciente, ou pensamento desenvolvido, pensamento em acção, com os fenómenos de população puros e simples não teremos saído dessa ordem de realidades e atingido o campo das reacções mecânicas e totalmente inconscientes ou, rigorosamente, de uma actividade instintiva, mas toda envolvida e aprisionada pela onda incerta da matéria viva?

Na verdade, limitemo-nos a estudar a natureza, a estrutura, a extensão do solo ocupado, vales ou montanhas, rios, caminhos naturais ou artificiais, casas e aglomerações de casas, de fábricas, de armazéns, de depósitos de matérias-primas; se os homens não fossem, realmente, mais que uma poeira inerte como a areia das dunas, distribuir-se-iam por um lado e outro, seguindo esses acidentes, afastando-se dos obstáculos e espalhando-se pelos vastos espaços livres, ora atraídos por uns, ora repelidos por outros, como corpos magnetizados. A morfologia da população reduzir-se-ia a uma espécie de mecânica dos corpos inertes – a que estariam ligados alguns capítulos da fisiologia animal, para explicar o movimento natural da população – submetidos, ao que parece, às forças puramente orgânicas da geração e da morte.

No entanto, como vimos, apesar do conjunto dos fenómenos de população ter um aspecto físico ou vital, eles são, em si mesmos, de uma natureza bem diferente: são fenómenos sociais. As suas formas – extensão, ritmo de crescimento, amplitude das deslocações, figura, etc. –, espaciais e materiais, não deixam de pressupor, contudo, uma série completa de pensamentos, de estados afectivos, de impulsos, dos quais, por vezes, quase não temos consciência. Não é menos verdadeiro que os grupos, as massas aglomeradas, em movimento, em reprodução, imaginam a seu modo o lugar que ocupam no espaço, o seu volume, o seu crescimento, a ordem segundo a qual se dispõem as suas partes e em que direcção elas se dirigem. Isso é necessário para poderem, como que por uma actividade combinada, deslocar-se, aumentar ou reduzir o seu volume, modificar a sua estrutura.

Tais estados e modificações prestam-se, sem dúvida, à medição, ao cálculo, às comparações quantitativas, precisamente como os objectos e caracteres de natureza física. Não se confundem, todavia, com dados puramente materiais, do mesmo modo que a consciência que nós temos dos nossos membros e dos nossos movimentos não é, em si mesma, um conjunto de órgãos e de deslocações no espaço.

Foi o que vimos, à medida que analisávamos um após outro os principais caracteres da população, vários dos quais nos pareceram, a princípio, bastante misteriosos. Para encontrar a chave do enigma, como deixar de invocar uma rotina possível, uma imaginação, ou uma ilusão comum ao grupo, algumas vezes também, pelo contrário, um sentido intuitivo e profundo, um instinto colectivo que equivale a uma sabedoria superior, sentimento das condições de um equilíbrio, sentido do carácter quase indefinido do domínio que a população, mas só ela (colocando-se no seu próprio ponto de vista e caminhando pelas suas vias) pode ter sobre ela própria?

Assim, como vimos, a população da terra, quanto ao aumento do seu volume e quanto à sua extensão nos diversos continentes, obedece, sobretudo, não a forças físicas, difusão mecânica, inércia, fluidez, viscosidade, assim como também não ao impulso fisiológico do instinto de reprodução, mas a disposições colectivas, especialmente à resistência semi-consciente que um grupo de população que, há bastante tempo, ocupa a mesma parte do espaço, opõe a qualquer modificação de forma, sobretudo a qualquer mudança rápida: àquilo a que nós chamamos hábito e tradição, mas na sua aplicação aos arranjos materiais humanos.

Quanto às deslocações da população, especialmente às migrações sob as suas formas modernas, só aparentemente são comparáveis aos movimentos cegos pelos quais os corpos inertes, as plantas, os animais e os seus germes, se espalham pelo espaço. Elas resultam das tendências que se formam no interior dos grupos de imigrantes, mais ou menos intensas conforme a densidade do povoamento nos países de chegada e de partida, e que são, também, modificadas pelas disposições e vontades desses países.

Vejamos agora outros fenómenos, e também outros problemas: a distribuição dos seres humanos segundo o sexo e a idade. Não dependerão, um e outra, de factores biológicos? O equilíbrio numérico entre os sexos parece resultar da igualdade numérica aproximada entre os nascimentos masculinos e femininos, a qual também parece resultar de causas orgânicas. Manter-se--ia ele, no entanto, em populações que praticassem o infanticídio, e em que as mulheres fossem tratadas como animais de trabalho ou escravas? Mas as prescrições e costumes que favorecem, assim, o equilíbrio entre os sexos, não estão em relação com um carácter de estrutura, bem aparente nas nossas sociedades, que é a multiplicação dos lares monogâmicos, que tende a colocar os dois sexos num pé de igualdade? A sucessão das idades explica-se também, poderá pensar-se, por condições puramente orgânicas. Todavia, também aqui, para que se mantenha o equilíbrio entre as idades, é necessário que a sociedade intervenha, que vigie e modere a concorrência vital entre os mais novos e os mais velhos. A mitologia imaginou um guia das almas após a morte; a sociedade é a organizadora do cortejo para os vivos; ora o retarda, ora o acelera.

O mesmo acontece, finalmente, com aquilo a que se chama o movimento natural da população: nascimentos e óbitos. À primeira vista ainda, o que há mais fisiológico e mais cego que o instinto de reprodução? Malthus preocupava-se com ele. Esse instinto, dizia ele, impede a espécie humana de se extinguir, mas também, levando os homens a multiplicar-se demasiadamente e muito depressa, cria essas populações miseráveis, que sucumbem sob a sua massa, como essas florestas cujas árvores, arbustos e plantas, abafam sob a sua própria vegetação luxuriante. Sim, se a sociedade não reagisse. Malthus julgava, aliás, que ela podia reagir, pela limitação ou a demora dos casamentos. Mas havia nela outros poderes mais eficazes ainda, de cuja existência ele nem suspeitava. Bastante elevada durante muito tempo, a natalidade, de há meio século para cá, baixou fortemente pela limitação dos nascimentos no próprio casamento. Resultado de novas condições (das estruturas urbanas em especial), que favorecem o individualismo. Por esse meio, a sociedade conseguiu controlar os nascimentos. Assim se explica, também, a fortíssima diminuição da mortalidade. Não foi a natureza biológica dos homens, foi o seu meio que mudou: atribui-se um maior valor à existência individual. Por essa razão, por trás de todos estes fenómenos de população, apercebemos uma actividade colectiva que elabora, até certo ponto, os dados biológicos, e os orienta.

*
* *

Reconhecida a existência de uma tal actividade, como defini-la, de acordo com os fenómenos de população? Os grupos humanos, vistos do exterior, apresentam-se, como já dissemos, como corpos mais ou menos vastos, formados por unidades materiais. Mas como conservariam eles durante algum tempo a sua forma e a sua estrutura, e como se deslocariam em conjunto, se não tivessem, de qualquer maneira, consciência do número e da disposição das suas partes, e também dos seus movimentos? Essa consciência é, muitas vezes, obscura, mal definida, mas não deixa, por isso, de existir, e nem é menos activa.

Imaginemos uma multidão, numa praça ou numa rua, apertada num espaço acanhado. Cada um dos seus membros distingue o seu corpo, mas também os corpos vizinhos; distingue confusamente toda a multidão. Podemos abstrair de tudo o mais que houver no seu pensamento. Multipliquemos os contactos entre esses homens: essa representação tenderá a alargar-se. Ela não é, aliás, em cada um deles, mais do que um aspecto daquilo que é em todos: podemos até dizer que se lhes impõe do exterior, com uma força que provém do facto de existir em todos. De volta a casa, dispersos pelas ruas, pelos armazéns e fábricas, esses homens, como todos os que habitam a cidade, têm, pelas mesmas razões e da mesma maneira, o sentimento de formar um agregado extenso ou disperso no espaço. Não ignoram, pelo menos de um modo geral, a forma e a figura material, a densidade dos movimentos internos desse conjunto. Ainda aqui, pode esquecer-se tudo o mais, e considerar apenas este género de pensamento que se fixa sobre uma população, a sua grandeza e o seu lugar, etc. Consideremos, agora, os mesmos homens fora da cidade, espalhados pelo campo, numa região limitada, numa província, num país; a população que os cerca há-de aparecer-lhes ainda como uma massa material, nela se compreendendo o aspecto dos lugares, à disposição das habitações, a direcção das estradas, mas na sua relação com os grupos, como quadro, ao mesmo tempo físico e humano, em que eles estão compreendidos.

Por outro lado, quer se trate de populações em repouso ou em movimento, sucederá o mesmo. Correntes de circulação nas cidades, correntes de povoamento, correntes de migração: o homem é sempre levado a considerar-se como uma unidade ou uma parte de tais conjuntos, que participa na sua actividade comum no que ela se reduz a ser apenas a imobilização ou a deslocação de uma massa humana no espaço.

Consideremo-los, ainda, no seu crescimento, na sua diminuição, na sua estrutura demográfica estável ou mutável. Parece que esses movimentos são demasiadamente complexos para serem atingidos por outra forma que não sejam as enumerações e as estatísticas. Contudo os grupos, os homens nos grupos, têm consciência, embora confusamente, desses estados e modificações. Durante uma guerra, quando uma parte da população adulta masculina está na frente de batalha, os que ficam nas suas terras compreendem que a distribuição dos sexos e das idades já não é a mesma, só pelo facto de encontrarem poucos rapazes. De uma maneira geral, quer as mortes, os nascimentos, ou umas e outros, se tornem mais raros: se a modificação for lenta, distingui-la-ão? Mas, numa região, numa época em que os nascimentos e os óbitos são frequentes, a vida de um homem parece menos preciosa que nas regiões onde esses acontecimentos são mais excepcionais. Conforme uma população está em pleno crescimento, ou pára e declina, há, efectivamente, no grupo, um sentimento geral de expansão ou retraimento, comparável ao que se experimenta, no plano económico, em período de prosperidade ou de depressão: «clima» demográfico ou económico diferente, que se notaria ainda mais se passássemos, sem transição, de um estado para o outro. É assim que um bom funcionamento orgânico é acompanhado, ainda que se note menos quando se prolonga, por um sentimento de bem-estar.

Temos, portanto, aqui, uma ordem completa de representações colectivas, que resultam, simplesmente, do facto da sociedade tomar consciência, directamente, das formas do seu corpo material, da sua estrutura, do seu lugar e das suas deslocações no espaço, e das forças biológicas a que ele está submetido.

Agora, a esse género de representações podem sobrepor-se outras, que não têm qualquer relação directa com o espaço, nem com os aspectos biológicos dos corpos sociais. Todavia, elas desenvolvem-se em grupos e têm a pretensão de agir sobre eles. Mais ainda, o género de actividade que elas figuram, e que determinam, exerce-se, ao fim de contas, sobre condições de espaço, visto ter por objecto reduzir-lhes a acção, triunfar dos obstáculos que elas opõem à vida propriamente colectiva. Trata-se, com efeito, de impor crenças religiosas uniformes a homens diversos e dispersos, de propagá-las a grupos afastados, de lhes assegurar a perpetuidade, apesar da sucessão e da descontinuidade das gerações; – de submeter, a uma só administração, a leis idênticas, todo um vasto território, apesar da diversidade dos costumes e tradições locais, e também de criar focos bastante intensos de vida política, de aumentar a preocupação do bem público, numa população cujo pensamento se mantém, com frequência, ao nível do solo, espírito de campanário ou espírito de botica; – de organizar as permutas, troca de produtos, troca de serviços, entre a cidade e os campos, de cidade para cidade, de país para país, apesar das distâncias, e, mais geralmente, de desenvolver a divisão do trabalho, por deslocação, aproximação, fusão de certos grupos de trabalhadores, por concentração de massas operárias, através do alargamento progressivo das relações entre economias. Tudo isto supõe um reagrupamento dos homens no espaço, uma remodelação das estruturas materiais da sociedade. Por outras palavras, os fenómenos de população penetram, por todos os lados, nos quadros das sociologias especiais, e é nesse sentido que existe uma morfologia em sentido lato, que estuda a população e as suas formas, nas suas relações com as diversas actividades da sociedade.

Mas então, não acontecerá que as representações morfológicas (em sentido estrito), ou o poder directo que a sociedade tem sobre o espaço e a matéria, sejam modificadas por essas actividades especiais, neste ou naquele sentido, conforme os seus fins especiais também? Porque não incitarão as crenças religiosas, os grupos onde são poderosas a concentrar-se, a deslocar-se, e não desempenharão um papel na fecundidade das famílias que as seguem? A formação dos grandes Estados modernos, o desenvolvimento da grande indústria, não terão tido uma certa influência nas tendências que levaram os homens a reunir-se em grandes aglomerações, etc.? Se as diversas actividades económicas ou políticas podem assim alterar a distribuição dos homens no espaço, e o volume dos seus grupos, nós não teremos, por forma alguma, o direito de separar os fenómenos de população de todos os outros, e de os estudar somente em si mesmos.

O essencial é, no entanto, que as leis a que obedece a população não mudem, conforme as observamos num ou noutro conjunto colectivo (na Igreja, na nação, na indústria, etc.). O que muda, o que explica que a população pareça, assim, particularizar-se e reflectir as tendências de diversos meios, são as próprias condições em que essas leis agem, e que, com efeito, não são as mesmas em cada um deles, mas que se reduzem, no entanto, a particularidades morfológicas, a fenómenos de estrutura. Predomínio, na Igreja, de um tipo demográfico tradicional, e sobretudo camponês. De nação para nação, diversidade, também, de tipos demográficos, cada um dos quais é unificado pelos contactos mais frequentes no interior do território. Na indústria, tipo demográfico ainda de população concentrada, aglomerada, etc. Desde que as diversas actividades sociais podem exercer-se melhor, conforme a estrutura e a disposição morfológica dos grupos é uma ou outra, é natural que elas tendam a manter e desenvolver as que lhes são mais favoráveis, e que a sua influência se junte à força das tendências próprias da população em si mesma e da sua natureza demográfica? Mas são, efectivamente, estas que triunfam, na maior parte dos casos, quer porque suscitem as instituições e modos de vida social mais próprios para as manter e aumentar, ou porque resistam quando se pretende, em nome de determinado interesse colectivo, transformá-las, ou substitui-las por outras, há muito ultrapassadas, ou ainda prematuras.

De qualquer maneira, aplicando-se, identificando-se, pouco a pouco, a grupos humanos relativamente estáveis e que têm uma estrutura material definida, todas as instituições, todas as grandes funções da sociedade, não somente tomam corpo, mas adquirem um corpo, e inserem-se, instalam-se solidamente no espaço.

Compreendamos bem, agora, que as formas materiais da sociedade actuam sobre ela, não em virtude de um constrangimento físico, como um corpo agiria sobre um outro corpo, mas pela consciência que nós delas adquirimos, como membros de um grupo que distinguem o seu volume, a sua estrutura física, os seus movimentos no espaço. Trata-se, aqui, de um género de pensamento ou de percepção colectiva a que poderíamos chamar um *dado imediato da consciência social*, que se destaca de todos os outros, e que ainda não foi suficientemente apercebido pelos próprios sociólogos, por várias razões.

Em primeiro lugar, porque tendo por objecto o próprio corpo, o corpo físico do grupo, parece que se confunde com ele.

E foi por essa razão que a psicologia individual não fixou, de princípio, a sua atenção sobre o sentimento interno que cada um de nós tem do seu próprio corpo, porque não é uma ideia, nem uma percepção clara baseada na distinção do sujeito e do objecto. De resto, enquanto se pensou que a representação colectiva não passava de uma soma de pensamentos individuais, como se iria atribuir à sociedade a faculdade de distinguir o seu corpo, visto que cada indivíduo parecia só distinguir o seu próprio corpo e em seguida os que o rodeavam? Uma visão de conjunto não é uma justaposição de visões fragmentárias. Era necessário reconhecer que o indivíduo pode perceber mais alguma coisa, na extensão em que participa num pensamento social mais lato que o seu, e não menos real. Enfim, como cada um distingue nitidamente, pela vista e pelo tacto, o seu próprio corpo e os que dele estão próximos, opõe a nitidez dessa percepção ao sentimento confuso que experimenta quando pensa e age como parte ou elemento de uma população. Com efeito, todas as nossas acções são, a esse respeito, muito pouco sensíveis e quase inconscientes, no interior desses vastos agregados em que não passamos de uma pequena unidade. É por isso que, quer se trate das forças que nos retém numa nação ou numa cidade, que nos levam a só ter poucos filhos, a prolongar a nossa vida, a emigrar, nós mal as distinguimos na sua forma social, e preferimos explicar a nossa conduta pelas nossas razões individuais, que nos parecem claras. No entanto, essas forças existem, visto que determinam efeitos sociais que o indivíduo, como tal, nem previu, nem quis. E todavia, deve tê-los apercebido de qualquer maneira. A não ser assim, como teria desempenhado o seu papel nesse conjunto?

    Olhemos para uma cidade cuja população aumenta, tornando-se mais densa e compacta. Para um país cuja natalidade diminui. Como é que o habitante da cidade ou do país se apercebe disso? O que distingue ele desses movimentos demográficos, das novas disposições que a população adopta na cidade, já pequena para a sua população aumentada, da diminuição dos nascimentos, de uma redução insensível no número de crianças? Dir-se-á que pouco distingue e de maneira parcial e confusa. Contudo, esta representação do espaço social do aumento ou diminuição do volume da sociedade, tem de existir, visto que actua: atracção das grandes aglomerações, que retém os que nelas entram, e que chama de longe elementos novos: continuação num mesmo sentido, durante uma larga série de anos, de um abaixamento de natalidade, de uma diminuição da idade do casamento, como se o facto de um movimento ter começado nesse sentido fosse uma razão para se prolongar e até acelerar. Visto que tudo isso não se explica pela intervenção de forças puramente mecânicas e físicas, é preciso, realmente, que o grupo regule e dirija ele mesmo, pela opinião, pelos costumes, essas modificações da sua forma e da sua estrutura. Poderia ele fazê-lo se não conhecesse a cada momento o meio espacial, a disposição dos objectos que o cercam, se não se percebesse a si próprio, também de maneira contínua, no seu volume e nas suas deslocações? Mas o conhecimento e a percepção, numa sociedade formada por muitos indivíduos, poderá ser mais que uma adição de imagens morfológicas parciais formadas nas consciências dos indivíduos? Sim, na medida em que elas se completam e se esclarecem mutuamente, e em que, assim reagrupadas e solidárias, não são mais que as partes de uma representação de conjunto, que lhes é superior.

    Suponhamos um grupo de sábios que procuram resolver um problema. Um grande número dá os primeiros passos, alguns vão mais longe, sempre mais longe; um deles, finalmente, resolve o problema. Quando conhecem o verdadeiro método, todos compreendem que as suas soluções aproximadas eram todas inspiradas pela solução exacta entrevista por eles, que esta existia já, até certo ponto, em todas as outras. No entanto, a solução exacta é mais, e é uma coisa diferente da soma das soluções aproximativas, visto que é por ela que se explica tudo o que havia de exacto em cada uma delas, e que, no entanto, vai mais longe que elas. Assim se pode fazer uma ideia da forma como uma representação colectiva se realiza parcialmente nos espíritos individuais.

Como poderia o grupo, na sua vida própria, feita de representações activas, passar sem essa consciência comum das relações do grupo com o espaço? Quando se desperta do sono, o primeiro sentimento que se experimenta é o da posição do corpo, dos membros, da orientação no espaço, em relação aos móveis, às paredes do quarto, à janela, etc. É isso o fundamento da nossa vida mental, sobre o qual tudo o mais se construirá e que não precisa do resto para aparecer. O mesmo sucede com o grupo: o conhecimento que ele adquire da sua estrutura e dos seus movimentos é a base de toda a vida social. Não abandonemos o indivíduo. Ele precisa, de certo modo, de pôr pé no espaço. O espaço, o mundo dos corpos, é estável. As formas são duráveis, imutáveis, ou, se mudam, é seguindo leis fixas, com regularidades e regressos, que mantêm e restabelecem, constantemente, em nós, a ideia de um meio em equilíbrio. Mas é essa consciência, que adquirimos, do nosso corpo, da sua forma, daquilo que o cerca, que constitui a condição do nosso equilíbrio mental. Se ela se altera, veremos aparecer diversas perturbações psíquicas, desde a alucinação à loucura. O mesmo sucede no mundo colectivo. O pensamento comum, no grupo, correria o risco de se tornar um pensamento maníaco, incoerente, excitando-se com todas as divagações sociais, dissolvendo-se nos sonhos e nas imaginações mais quiméricas, se não se representasse de maneira contínua o volume e a figura estável do grupo, e os seus movimentos regulares no mundo material. Isso representa, sem dúvida, para ele, por vezes um peso morto, porque a atitude que tomou em presença dessas formas tende a imobilizar-se ela própria; mas é, também, um lastro necessário, e, por vezes, como que uma força viva, pois que nessas formas se conserva tudo o que a sociedade adquiriu, e até a sua força.

Indicações Bibliográficas

Remetemos o leitor que desejar orientar-se no campo da literatura demográfica, para o *Catalogue méthodique des principaux ouvrages contemporains se rapportant à l'espèce humaine*, 3.ª parte, «O ponto de vista do número, estatística e demografia», que publicamos, em colaboração com Sauvy, em anexo ao nosso estudo correspondente, no volume VII (*A Espécie Humana*) da *Encyclopédie française* (Paris, 1936). Poderão também recorrer aos *Annales sociologiques*, Fascículos E, Morfologia social, etc., 1 e 2 (1935 e 1937, Paris, Alcan), assim como à *Année sociologique* (Secção: Morfologia Social) de que os primeiros são a continuação (12 tomos, 1896-1912, e nova série, tomo I, 1925, *ibid.*). Podem encontrar-se bibliografias mais extensas, e muito em dia, na *Revue de l'Institut International de Statistique* (La Haye, 1.º ano, 1933).

Indicamos, por fim, algumas obras que merecem consulta:

Legoyt, *La France et l'étranger, études de statistique comparée*, 2 vols. (Paris, 1864).
E. Levasseur, *La Population française. Histoire de la population avant 1789 et Démographie de la France*, 3 vols. (Paris, Rousseau, 1889-1892).
E. Durkheim, *De la division du travail social* (Paris, Alcan, 1893).
—, *Les règles de la méthode sociologique* (ibid., 1894).
D. Ratzel, *Anthropogéographie* (Stuttgart, 1899).
L. Febvre, *La Terre et l'évolution humaine* (Paris, Renaissance du Livre, 1922).
Vidal de la Blache, *Principes de géographie humaine*, publicado por E. de Martonne (Paris, Colin, 1922).
Corrado Gini, *Le Basi scientifiche della popolazione* (Catania, 1931).
International migrations, «National Bureau of Economic Research», 2 vols. (New York, 1931).
A. e E. Kulischer, *Kriegs und Wanderzüge* (Berlim-Leipzig, 1932).
A.-J. Lotka, *The structure of a growing population*, Human Biology, vols. 3-4 (Baltimore, 1931).
A. Landry, *La Révolution Démographique. Études et essais sur les problèmes de population* (Paris, Sirey, 1934).
R. Kuczynski, *The balance of births and deaths* (New York, 1928).
—, *Population movements* (Oxford, 1936).
V.A. Kostitzin, *Biologie mathématique* (Paris, Colin, 1937).

Índice Onomástico

Anaxágoras 114
Apert, Eugène 77n
Aristóteles 114
Balzac, Honoré de 123
Beloch, Julius 73
Bücher, Karl 118
Charles, Enid 154
Comte, Augusto 182
Davenport, Charles B. 77n
Davy, Georges 100
Durkheim, Émile 9, 17, 38, 47, 171
Febvre, Lucien 78
Gini, Corrado 130, 131
Graunt, John 115, 128
Grenard, Fernand 39
Heródoto 69
Johnson, Samuel 72
Kostitzin, V. A. 12n
Kuczynski, R. 75, 128, 131, 137, 142, 143, 147, 148, 151, 152, 153, 154, 156, 167
Kulischer, A. 69, 103
Kulisher, E. 69, 103
Le Bras, Gabriel 26
Leibniz 182
Lotka, Alfred J. 12n, 147, 157
Maistre, Joseph de 32, 140
Malthus 142, 159-165, 167, 172, 173, 179, 190, 194
Martini 73
Mauss, M. 18, 32
Michelet 31, 40
Mill, James 131
Moheau, Jean-Baptiste 131
Molière 123
Montaigne 39
Montesquieu 38, 72
Moret 91
Pascal 15
Place, Francis 131
Platão 37
Quetelet, Adolph 139
Ratzel, D. 84, 102, 103, 105
Riccioli, Giovanni Battista (S.J.) 72, 73
Romains, Jules 20, 59
Rousseau, Jean-Jacques 38
Sales, São Francisco de 32
Siegfried, André 48
Simiand, François 49
Simmel, Georg 14
Smith, Adam 168, 170
Süssmilch, Johann Peter 73
Swift, Jonathan 121
Vidal de La Blache, Paul 145
Voltaire 74n
Willcox 71, 73, 75

Índice Temático

Agricultura 51, 56, 78, 163, 166, 180, 184
Aldeia 20, 21, 39, 40, 51, 88, 92, 158, 172, 173, 180, 186
Centro 27, 29, 41, 43, 51, 90, 94, 95
  eclesiástico 185
  espacial 13
  político 62
  religioso 89, 90
  urbano 97, 131, 169
Ciência 9, 14, 18, 48, 143
  astronómica 72
  da população 10, 59, 65, 112, 166, 181, 189
  económica 166
  natural 11
  social 10, 72
Civilização 19, 20, 78, 94, 102, 106, 109, 114, 130, 179
  agrícola 167
  americana 39
  primitiva 13
  rural 88
Clã 13, 21, 26, 38,
Comércio 56
Comunidade 21, 26, 28, 30, 69, 171, 184, 185
  Administração comunal 91
  Movimento comunal 34
  nacional 107
  religiosa 35
  rural 33
Conflito 48, 187
Corpo 12, 16, 17, 20, 21, 27, 37, 59, 60, 62, 68, 72, 77n, 92, 93, 139, 183, 185, 192, 195, 199, 200, 202
  amorfo 186
  celeste 72
  colectivo 12
  da Igreja 34
  feminino 182
  físico 68, 200
  humano 77
  inerte 192, 193
  material 197
  nacional 44, 108
  orgânico 68, 184
  político 60
  religioso 28
  social 62, 63, 95, 108, 133, 197
  vivo 68, 111, 184, 191
Demografia 9, 10, 68, 112, 114, 158
  (ver Espaço demográfico)
  (ver Grupo demográfico)
Desenvolvimento demográfico 123
Estruturas demográficas 31, 58, 157, 158, 196
Evolução demográfica 53, 132

ÍNDICE REMISSIVO | 205

Fenómenos demográficos 84, 167
Movimentos demográficos 33, 62, 201
Unidade demográfica 30
Vitalidade demográfica 147
Economia 92, 93, 172, 188, 198
Economia
(*ver* Espaço económico)
Actividade económica 56, 198
Classes económicas 54, 58
Condiçõees económicas 78, 158, 184
Crise económica 55
Desenvolvimento económico 94
Divisão económica 15
Fenómenos económicos 9, 61
História económica 50
Organização económica 52, 166, 167, 168, 173, 180
Progresso económico 39
Vida económica 18, 52, 55, 60, 81, 93, 94, 119
Espaço 9, 11, 12, 12n, 13-16, 20, 21, 27, 30, 34, 41, 47, 48, 50, 51, 54, 55, 59-61, 67, 68, 76, 77, 81, 90, 92, 93, 96, 103, 104, 112, 133, 134, 146, 157, 163, 178, 181, 182, 184, 185, 187, 188, 192, 193, 195-199, 202
(*ver* Centro espacial)
Condições espaciais 21, 37, 67, 186, 188
demográfico 133, 138
Deslocações no 28, 35, 57, 193, 196, 197, 199
Distribuição no 12n, 56, 57, 69, 79, 94, 190, 198
económico 187
Estrutura espacial 21, 25
fiscal 41
físico 47, 188
judiciário 41
Meio espacial 25, 60, 201
militar 41

Organização do 33, 40, 41
religioso 29, 187
Representação espacial 26, 81, 96, 201
social 95, 201
Estado 10, 17, 25, 26, 30, 32, 37, 39, 40, 41, 44-47, 49, 67, 91, 190, 198,
Família 10, 13, 14, 19-21, 30, 51, 58, 59, 67, 70, 80, 96, 114, 127, 128, 131, 137, 138, 141, 161, 166, 172, 181, 182, 189, 198
Fecundidade 131, 152, 162, 198
da terra 102, 164, 166, 173
Geografia 70, 101
física 15
humana 9, 78,
Grupo 11-13, 17, 19, 20, 25, 31, 33-35, 37, 40, 42-44, 47-50, 54-62, 67, 69, 70, 77, 79, 80, 81, 85, 92, 94, 96, 102, 104-107, 112, 114, 115, 124, 125, 128--130, 132-134, 138, 139, 147, 154, 156-158, 164, 171, 174, 175, 181-183, 185-188, 190, 192, 193, 196-203
confessional 28, 29, 32, 89,
de migrantes 103, 106, 108, 194,
demográfico 147
Deslocações de 62, 99, 100, 101, 102
doméstico 13, 20, 133
económico 79
Estrutura do 9, 16, 17, 37, 137
europeu 86
humano 12, 14, 35, 44, 48, 78, 106, 112, 171, 184, 195, 199
nacional 16, 61, 106, 108
operário 91
Pensamento do 21, 26
político 21
provincial 16
regional 26

religioso 21, 27, 29, 30, 32, 33, 61, 96, 188
rural 53
Símbolos do 44
social 50, 67, 114, 124, 165, 183,
urbano 16, 53, 58
Habitats 21, 69, 80
Hierarquia 25, 29, 33, 93, 186
Igreja 10, 14, 27-30, 33-35, 60, 67, 90, 91, 185, 186, 198, 199
Igreja (*ver* Corpo da Igreja)
Individualismo 96, 132, 133, 137, 144, 195
Indústria 18, 50-53, 55-57, 61, 62, 79, 80, 93, 94, 103, 160, 166-171, 173, 175-180, 184, 190, 198, 199
(*ver* Sociedade industrial)
Aglomerações industriais 20, 83, 94
Desenvolvimento industrial 53, 55, 165, 168, 171, 177, 179
Empresa industrial 10, 14, 67
Estabelecimentos industriais 9, 95, 189
Organização industrial 52, 61, 187
Justiça 41, 43, 47
Migração 9, 19, 21, 28, 31, 33, 45, 53, 62, 79, 84, 100, 102-105, 108, 109, 112, 135, 189, 193
Emigração 29, 101, 103--109, 118, 127, 134, 135, 138, 143, 200
Imigração 40, 45, 53, 54, 58, 81, 194
Movimentos migratários 28, 29, 99, 101-104, 106--108, 147, 196,
Morfologia 53, 67, 95, 123, 182, 185, 189, 198
biológica 112
Campo morfológico 143
colectiva 14
da população 63, 192

económica 49, 51, 52, 59, 89
Estrutura morfológica 16, 39, 133
Estudos morfológicos 11
Fenómenos morfológicos 10, 21, 31, 188, 189
política 21, 37, 44, 48, 59, 89
religiosa 21, 25, 29, 35, 44, 59, 89
social 9, 10, 16, 21, 25, 60, 61, 65, 67, 72, 77, 112, 181, 185
(óbitos) 16, 19, 31, 29, 46, 47, 53, 56, 59, 62, 70, 84, 111, 112, 119-121, 126, 127, 133, 134, 137-158, 161, 166, 167, 194, 195, 197
Natalidade (nascimentos) 12, 16, 19, 29, 31, 33, 34, 46, 53, 54, 56, 57, 59, 62, 70, 84, 111-117, 119--121, 123, 126-135, 137, 138, 141-143, 145-152, 154, 155, 157, 158, 166, 167, 189, 194, 195, 197, 201
Nupcialidade (casamentos) 31, 57, 59, 62, 84, 112, 114, 119, 127-129, 131, 134-138, 147, 148, 155, 156, 163, 166, 195, 201
Poder 42, 48, 52, 60, 90, 94, 147, 180, 182, 183, 186, 190, 195, 198
Política 14, 15, 38, 40, 41, 42, 44, 48, 49, 60, 61, 89, 92, 95, 100, 101, 104, 183, 185, 187, 189
(*ver* Centro político)
(*ver* Sociedade política)
Actividade 15, 198
Agrupamento político 21, 39
Fenómenos políticos 44, 46,
Instituição 38, 44, 48, 186
Organização 19, 37, 41, 45, 48, 59, 91, 188, 190

Regime político 46, 62
Sistema político 45
Vida 14, 41, 44, 46, 48, 91, 92, 183, 186, 198
População 9, 11, 13, 17-21, 26, 27, 29, 31-35, 38, 39, 42-48, 50-53, 57, 58, 62, 67-70, 72-81, 83-88, 90, 92, 95, 97, 99-101, 108, 111-115, 117-121, 123, 124, 129-135, 137-141, 143, 145, 147-151, 153--168, 170, 171, 173, 174, 178-180, 185-187, 189--191, 193, 194, 196-201
(*ver* Morfologia da população)
Ciência da 10, 59, 65, 112, 166, 181, 189
Correntes de 34, 90, 109
Densidade da 27, 83, 84, 86, 87, 132, 145
Divisão da 42
Estrutura da 9, 11, 50, 134, 180, 183, 191
Fenómenos de 10, 16, 21, 31, 32, 34, 35, 48, 52, 53, 57, 58, 62, 67, 95, 99, 167, 188-190, 192, 195, 198
Movimentos da 46, 47, 61, 67, 70, 99, 111, 112, 127, 189, 190, 192-194
nacional 28, 43, 46
operária 51
religiosa 27
rural 87
sedentária 28, 40, 58, 80,
urbana 28, 87, 88, 178, 179
Psicologia colectiva 10, 21
individual 200
social 84
Raça 12n, 18, 40, 131, 142
Religião 19, 26-33, 49, 89, 183, 190
(*ver* Centro religioso)
(*ver* Corpo religioso)
(*ver* Espaço religioso)
(*ver* Grupo religioso)
(*ver* Morfologia religiosa)

Crença religiosa 20, 189, 197, 198
Densidade religiosa 27, 29
Fenómeno religioso 61
Instituição religiosa 31, 34, 35
Organização religiosa 90
Sistema religioso 37
Sociedade religiosa 59
Vida religiosa 32, 90,
Representação 13, 15, 21, 26, 42, 44, 56, 81, 95, 195, 197, 198, 201
colectiva 21, 29, 67, 79, 81, 105, 107, 109, 186, 191, 197, 200-202
espacial 26, 81, 96
Reprodução 57, 112, 113, 127, 130, 131, 138, 147, 151-158, 163, 164, 166, 173, 193, 194
Rural (campo) 20, 27, 30, 33, 34, 39, 43, 46, 50, 51, 54, 58, 79, 84, 87, 90, 91, 93, 94, 116, 117, 124, 131, 144, 145, 159, 160, 169, 173, 190, 196, 198
(*ver* Civilização rural)
(*ver* Grupo rural)
(*ver* População rural)
Comunidade 33
Estabelecimento 9
Êxodo 33
Sociedade 9, 10, 12, 13, 15-20, 25, 38, 41, 45, 47, 51, 56, 59, 60, 69, 78, 84, 89, 94, 99, 101, 102, 108, 111-114, 116, 117, 119, 120, 122, 124, 125, 127, 131-133, 138, 139, 141, 145, 146, 163, 164, 171, 172, 174, 178, 181, 182, 184, 185, 191, 194, 195, 197-201, 203
(*ver* Ciência social)
(*ver* Corpo social)
(*ver* Grupo social)
animal 12
Classe social 56, 58, 60, 130, 133, 158, 187,
confessional 30, 185

ÍNDICE REMISSIVO | 207

Estrutura da 34, 198
Fenómenos sociais 10, 61,
  72, 167, 187, 189, 191, 192
Formas da 9, 11, 14, 21,
  60, 185, 189, 199
  industrial 79, 164
  política 38, 96, 183
  primitiva 113, 114, 172
  urbana 93
Vida social 14-16, 19, 59,
  61, 80, 91, 96, 113, 114,
  119, 126, 131, 138, 179,
  181, 183, 185, 188, 191,
  199, 202
Sociologia 10, 21, 181, 182,
  185, 189, 198
  económica 185
Território 26, 30, 38, 41, 43,
  46, 48, 59, 60, 70, 73, 83,
  86, 87, 100-102, 170, 186,
  197, 199
Trabalho 48, 49, 50, 99, 119,
  161-163, 168, 169, 172,
  176
Divisão do 17, 79, 144,
  171, 198
Tribo 12, 17, 19, 21, 26, 29,
  32, 33, 39, 40, 43, 68, 69,
  76, 127, 128, 138, 164,
  183, 186
Urbano (cidade) 20, 26, 27,
  29, 31, 33, 34, 39, 41, 42,
  44, 45, 51, 52, 54, 57-59,
  70, 72, 79, 83, 84, 87-97,
  108, 112, 116, 117, 124,
  127, 130-134, 143-146,
  158, 168, 169, 174, 177-
  -180, 183, 184, 186, 187,
  189, 190, 196-198, 200,
  201
  (ver Centro urbano)
  (ver Grupo urbano)
  (ver População urbana)
  (ver Sociedade urbana)
  Aglomeração urbana
  11, 21, 88, 90, 96, 168
  Estabelecimento 52, 59,
  132, 134, 145
  Estrutura urbana 58, 92,
  195
  Formação urbana 89
  Meio 20, 33, 90, 91, 96,
  133, 144, 145, 168, 177,
  180
  Vida urbana 48, 58, 95,
  145, 146, 180